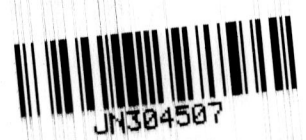

東国の図像板碑拓影集〈図版編〉

村田和義 著

北１　函館市船見町・称名寺

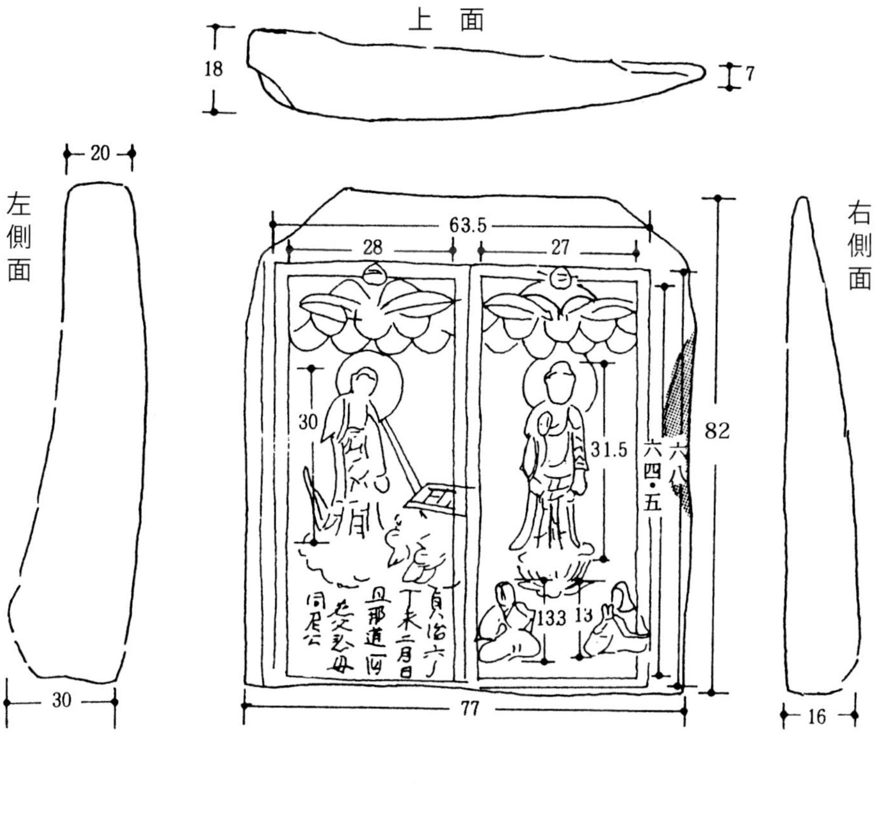

青１　弘前市一町田・木村家

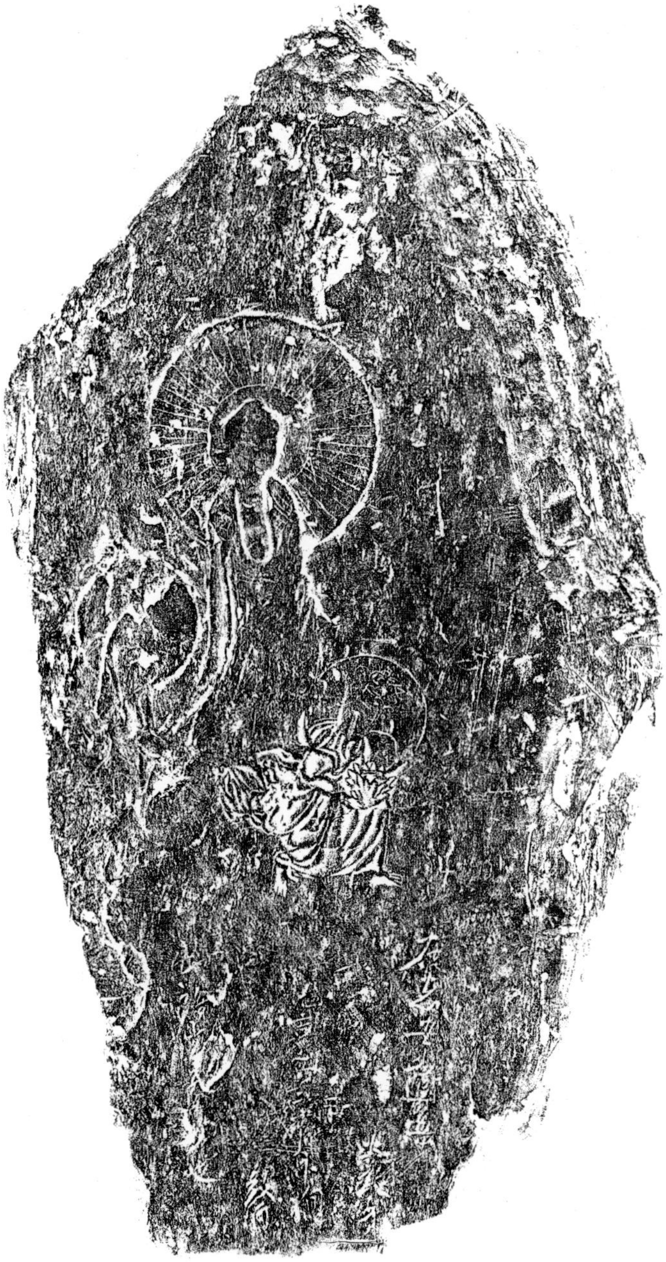

宮８　登米市津山町柳津・路傍

宮３　大崎市古川提根・天寿庵

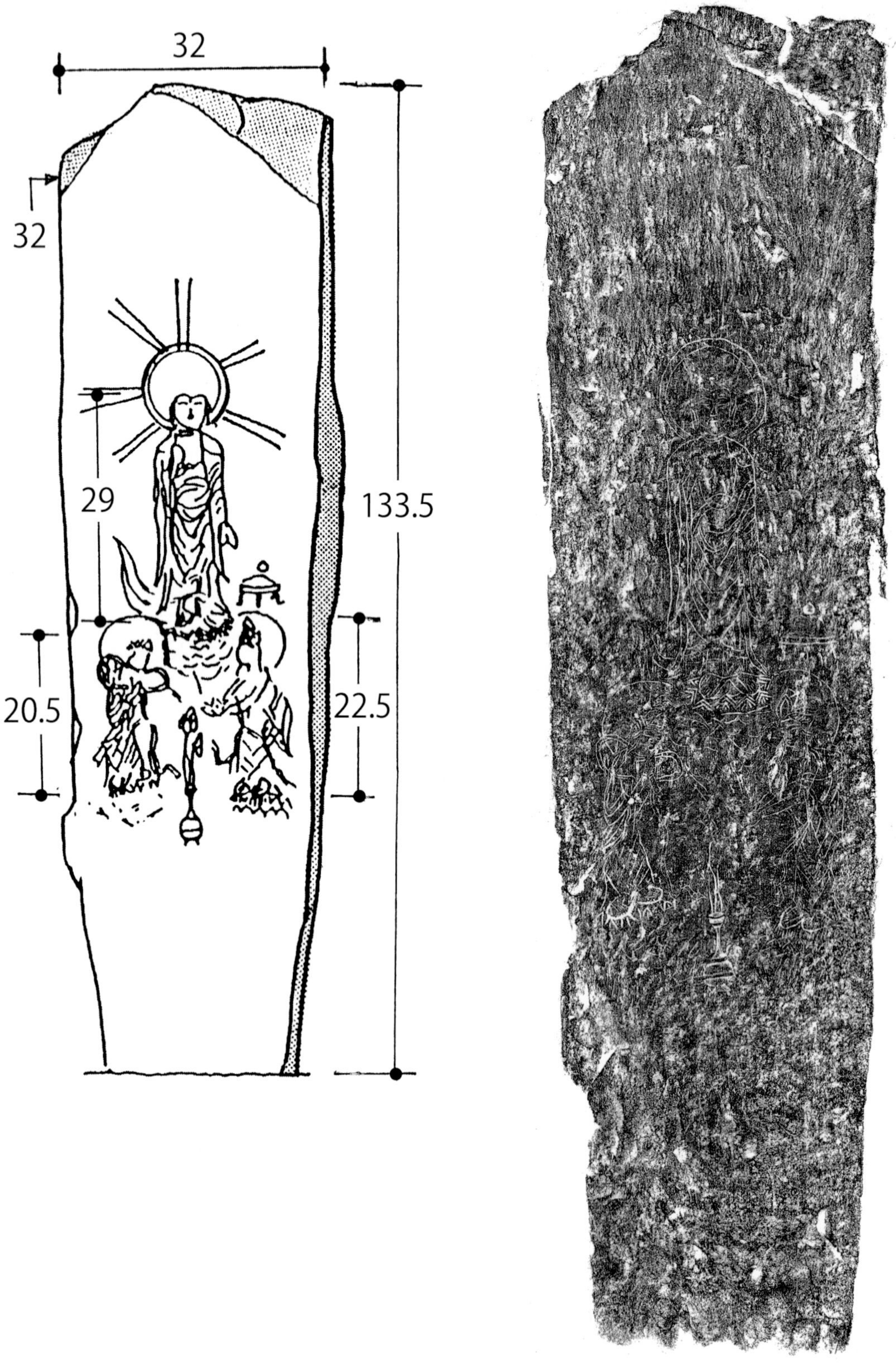

宮１　大崎市岩出山上野目・天王寺１

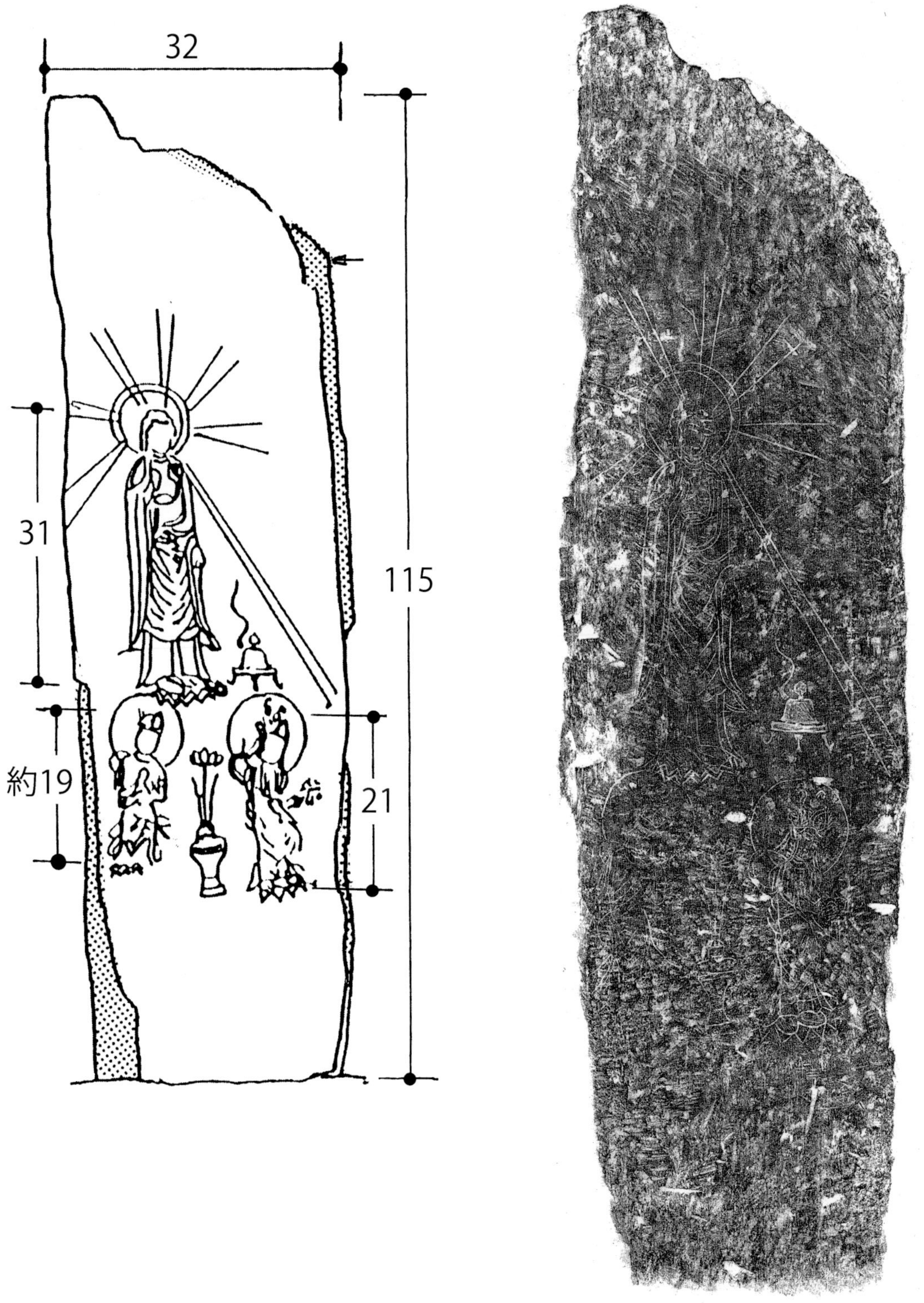

宮２　大崎市岩出山上野目・天王寺２

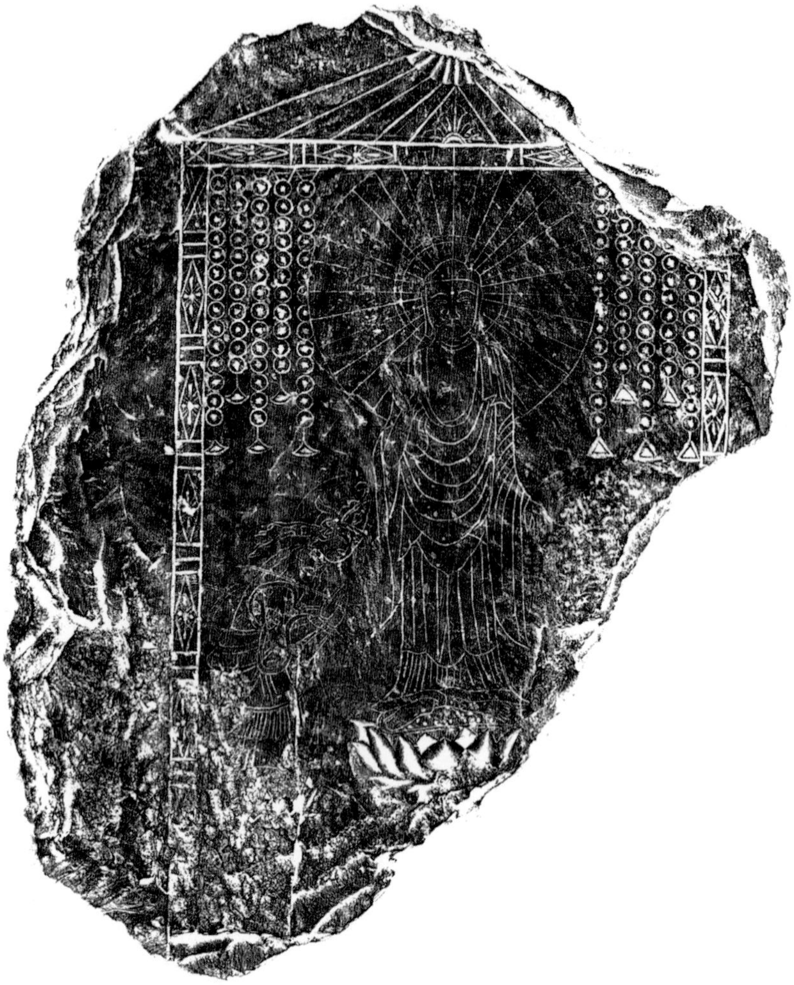

宮６　石巻市桃生町城内・香積寺

宮４　大衡村大森・法幢寺阿弥陀堂

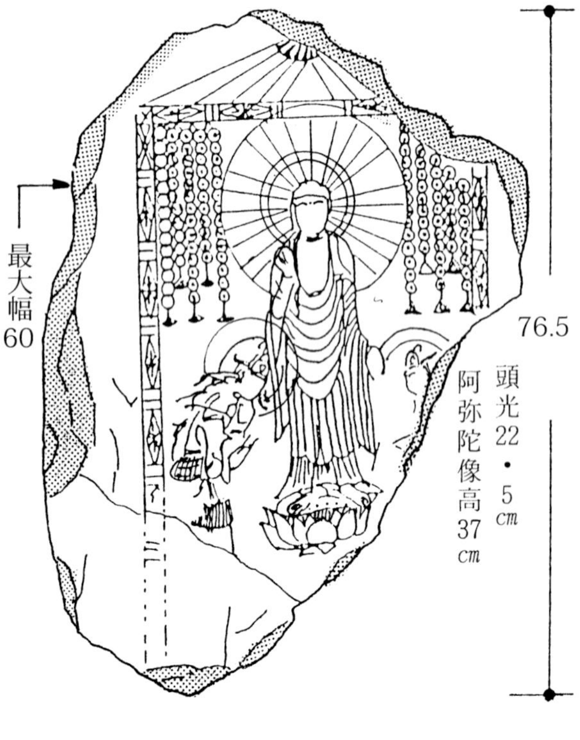

宮５　石巻市桃生町牛田・五十鈴神社

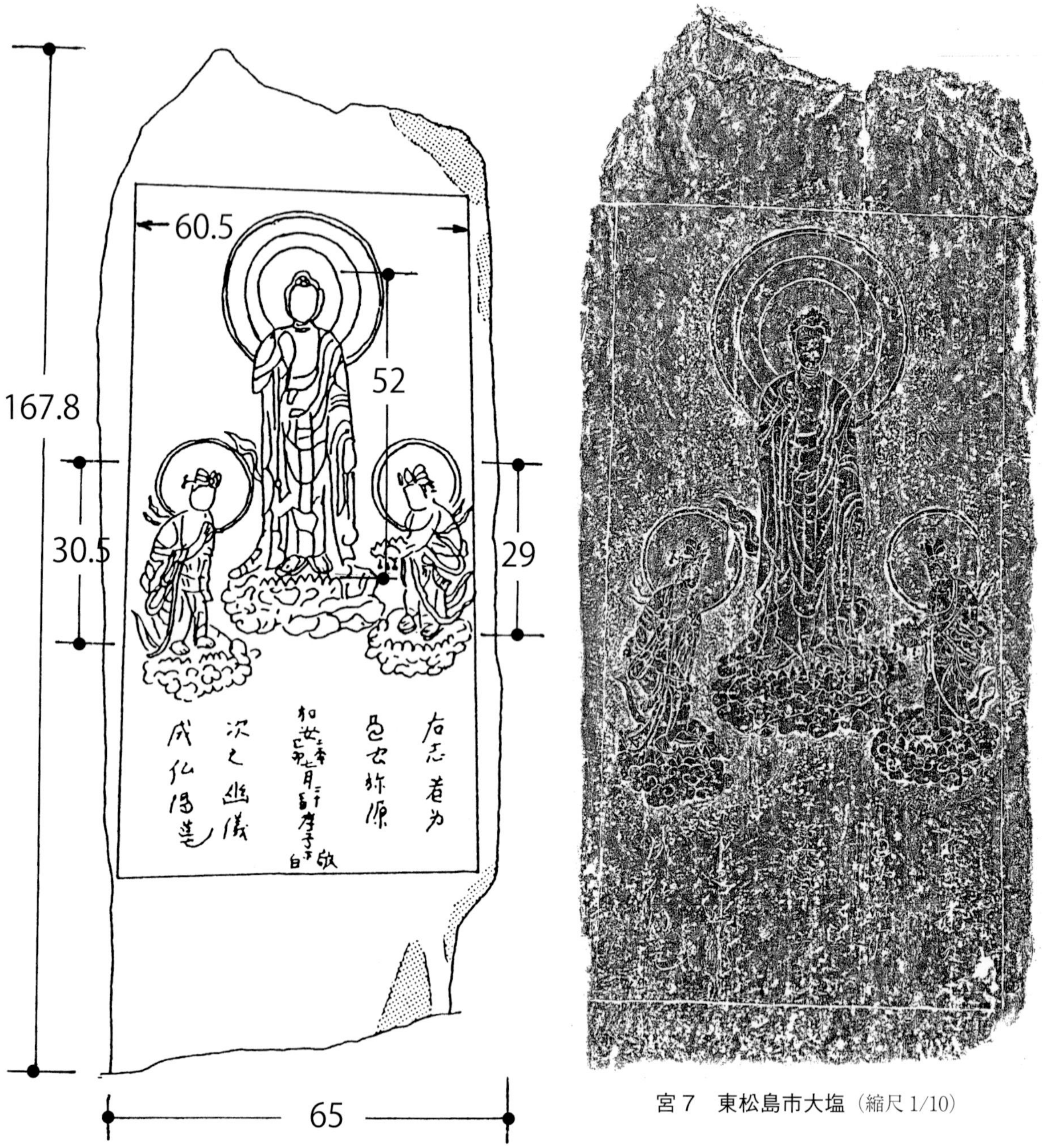

宮7　東松島市大塩（縮尺 1/10）

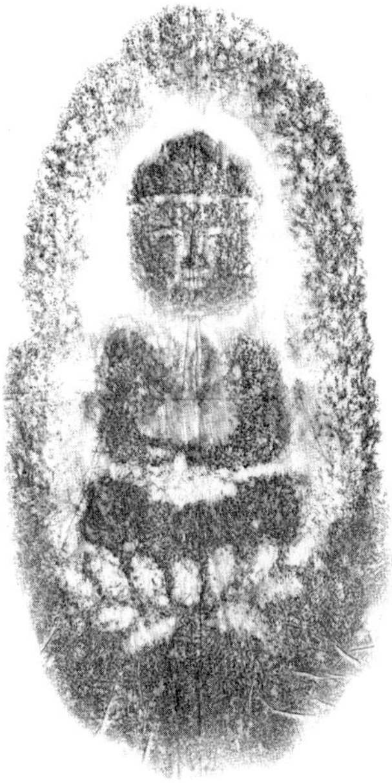

新 1　新潟県岩船郡粟島浦村内浦・観音寺

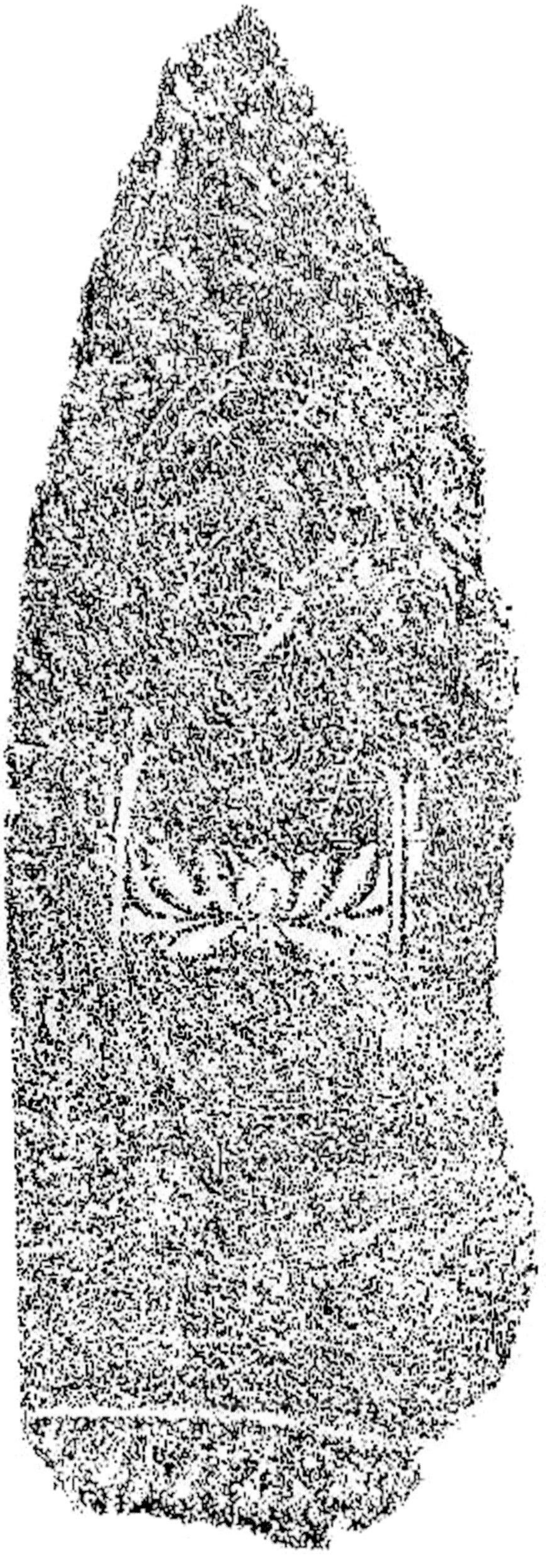

秋 1　大仙市大曲須和町・大川寺

宮９　女川町女川浜・旧生涯教育センター

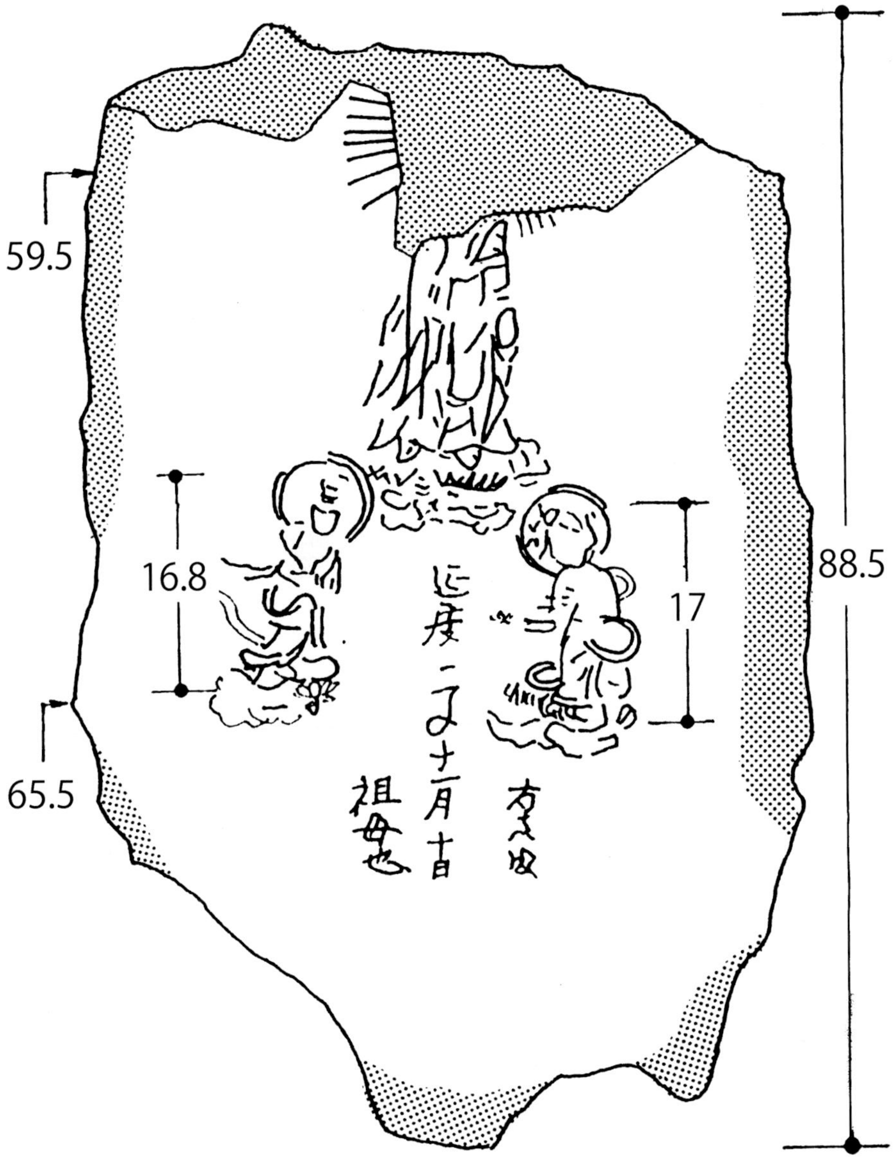
59.5
65.5
16.8
17
88.5

秋２　大仙市大曲須和町・大川寺

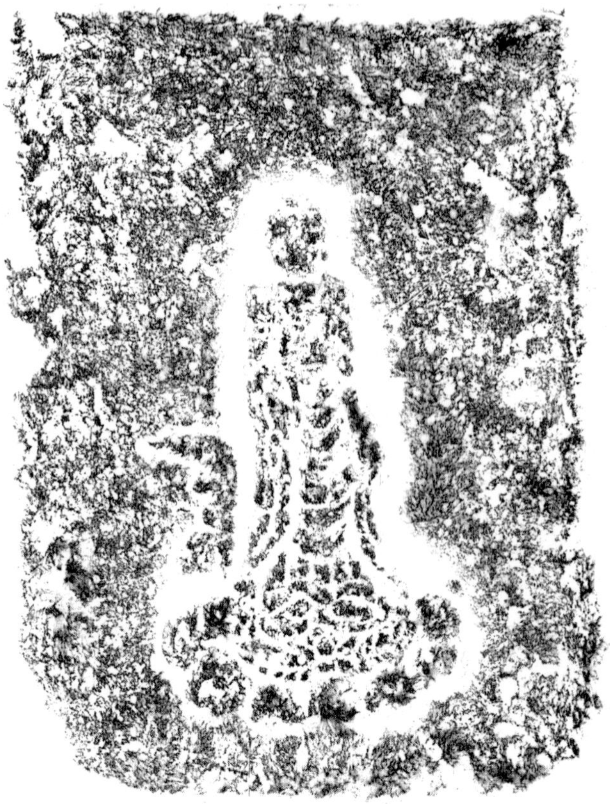

山１　東置賜郡川西町大塚・阿弥陀堂（部分拓）

秋３　横手市大森町猿田・山王堂

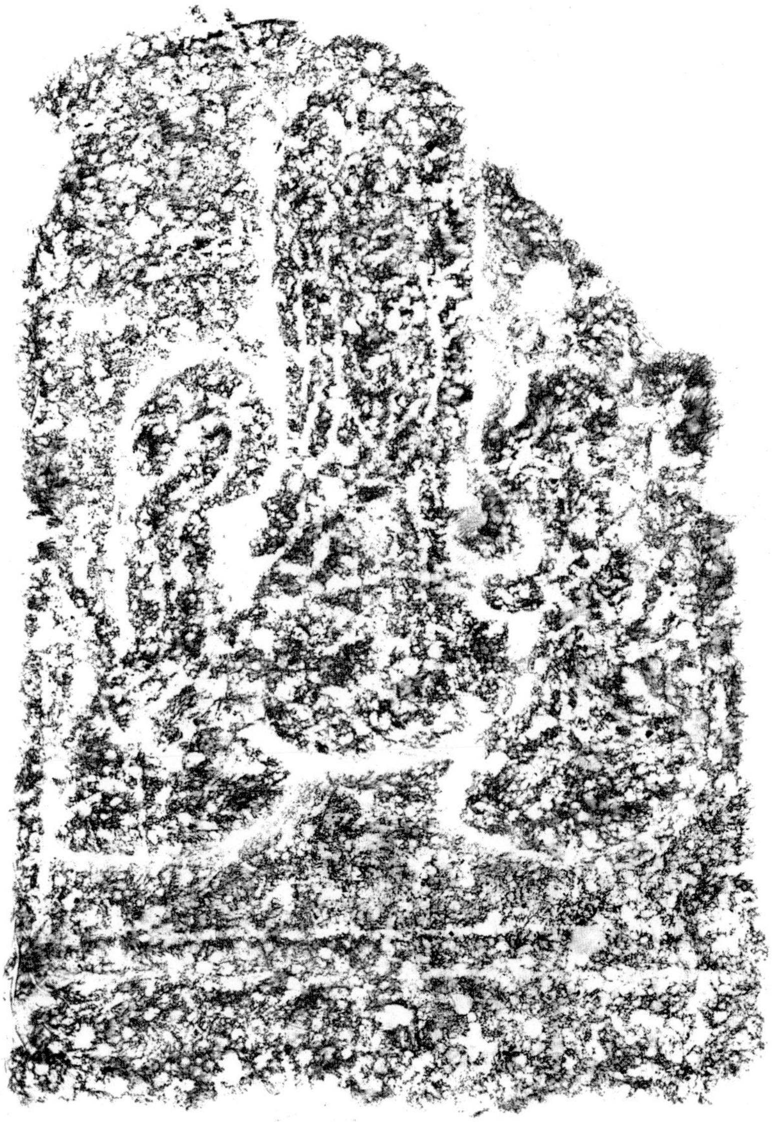

山２　米沢市窪田町小瀬・木村家

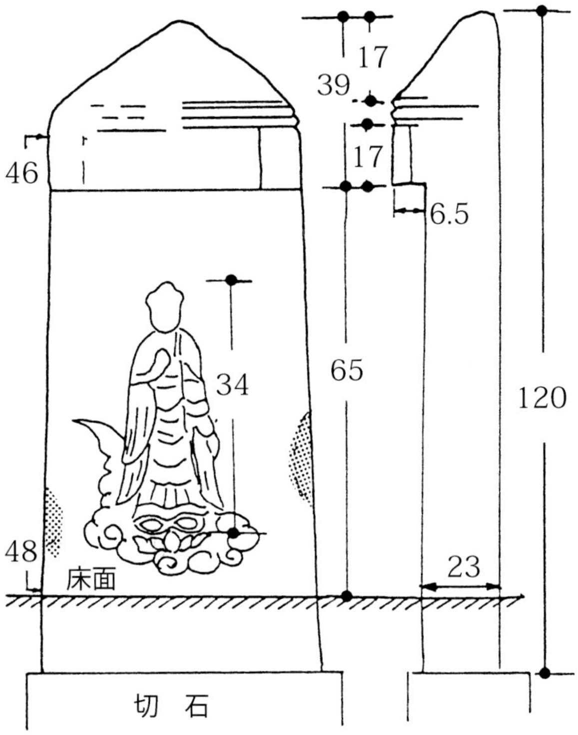

山１　阿弥陀堂線図

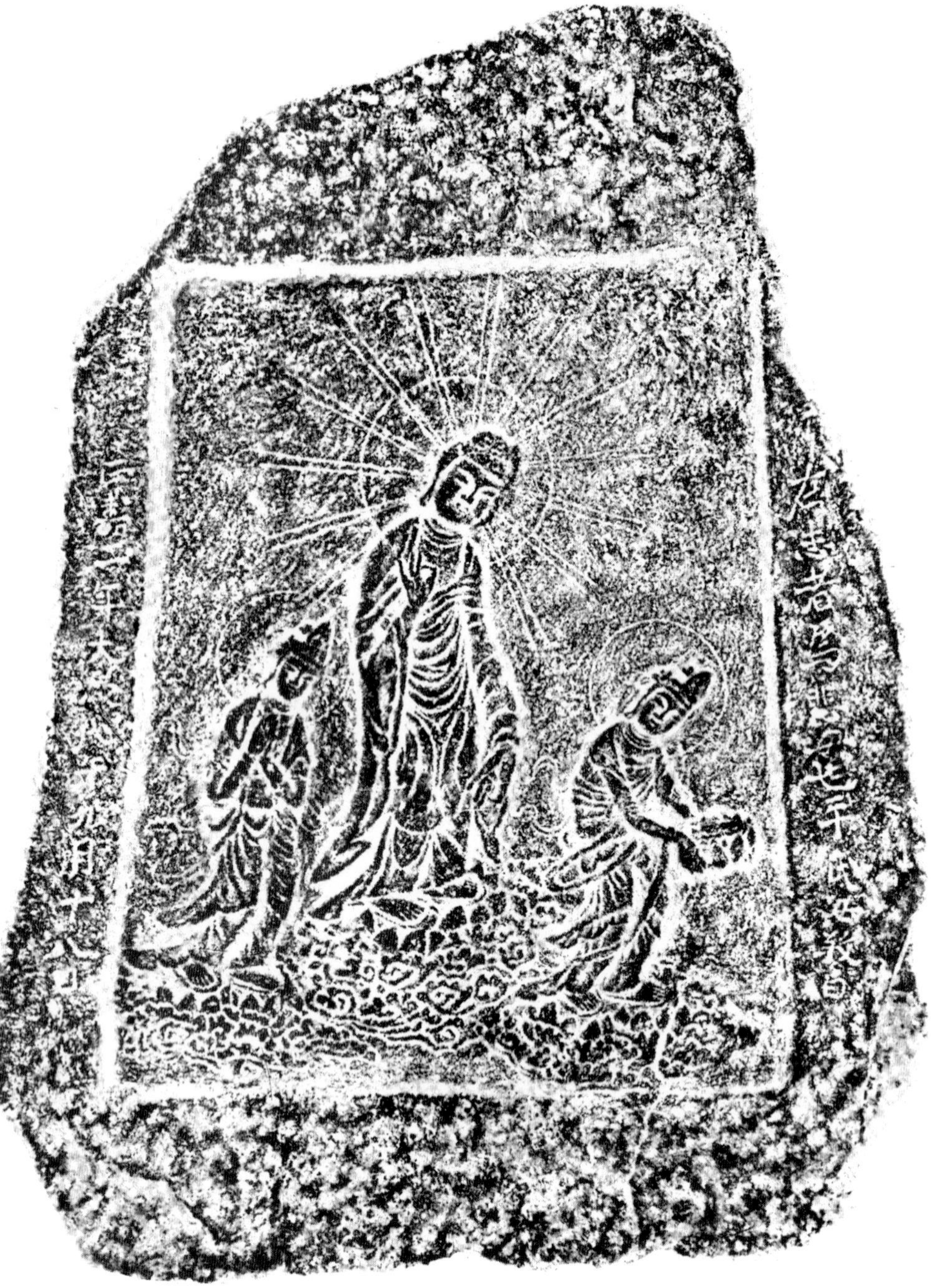

福１　福島市下鳥渡・陽泉寺（縮尺 1/10）〈石井真之助氏提供〉

福５　田村市大越町下大越・
下大越小学校裏山

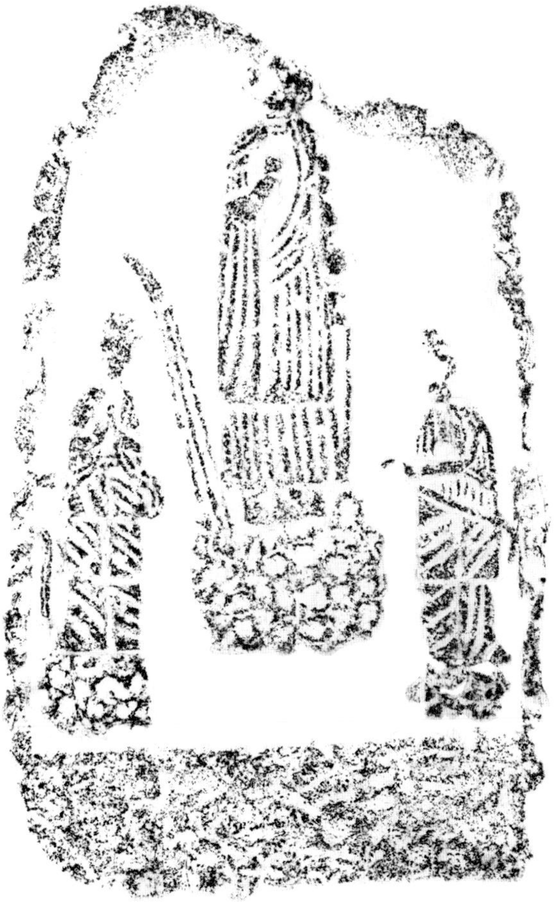

福２　二本松市本町・称念寺

福３　本宮市仁井田・不動堂

福４　本宮市白岩字馬場・路傍

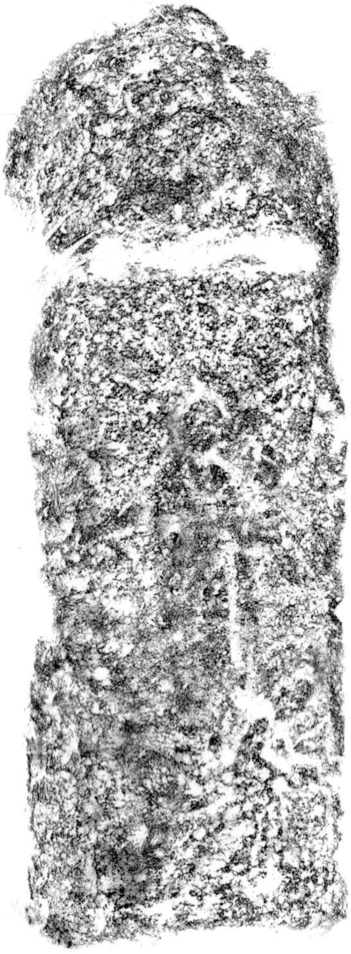

福６　田村市大越町下大越・
桜地蔵尊

福７　郡山市日和田町・山清寺

福 11　郡山市本町・熊野神社

福８　群山市日和田町・蛇骨地蔵堂・左

福９　群山市日和田町・蛇骨地蔵堂・右

福 10　郡山市大町・阿邪訶根神社

福 12　郡山市富久山町福原・本栖寺

福 15　郡山市熱海町上伊豆島

福 17　郡山市三穂田町駒屋・八大墓地

福 14　郡山市喜久田町堀之内・薬師堂 2

福 16　郡山市三穂田町川田・日向墓地

福 13　郡山市喜久田町堀之内・薬師堂 1

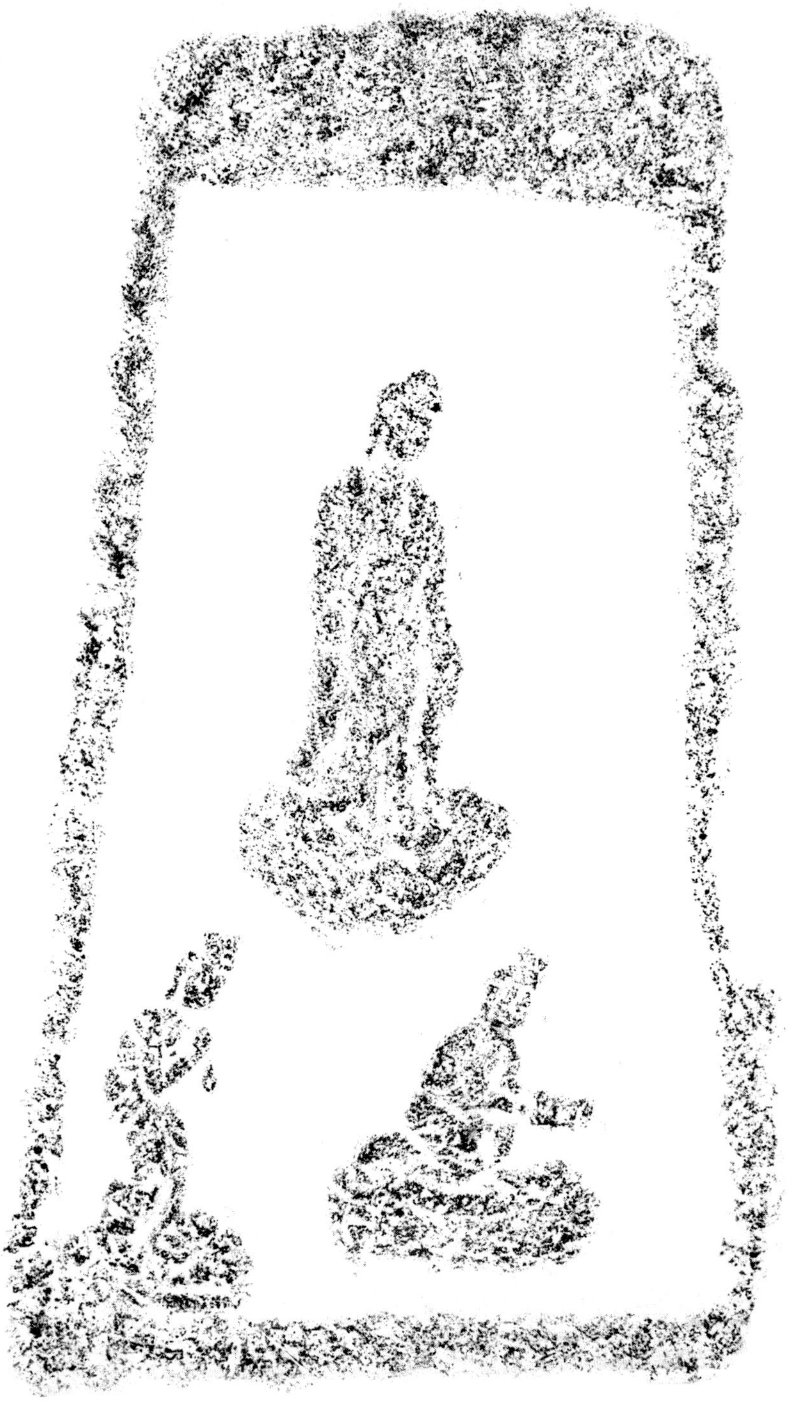

福19　郡山市三穂田町鍋山・旧芳掘墓地

福 21　郡山市中田町高倉・熊田家

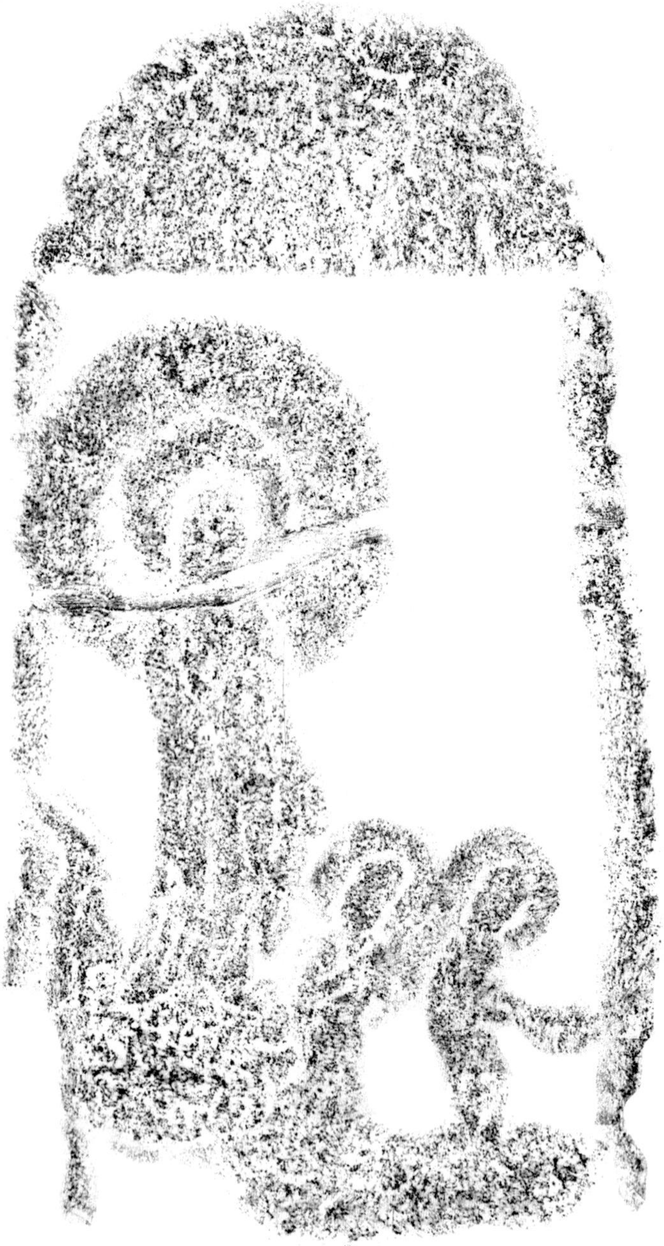

福 18　郡山市三穂田町駒屋・四十坦

福 20　郡山市安積町笹川・熊野神社

福 23　郡山市西田町根木屋・太平山精舎横

福 22　郡山市田村町上道渡・阿弥陀山

福 25　郡山市下白岩町字三斗蒔・路傍

福 29　須賀川市加治町・長松院（部分拓）

福 24　郡山市横川町・愛宕様

福 40　須賀川市滑川・路傍　筑後塚

福26　須賀川市諏訪町・千用寺

福 30　須賀川市森宿・宝来寺

福 27　須賀川市宮先町・市原家

福 28　須賀川市加治町・円谷印刷所

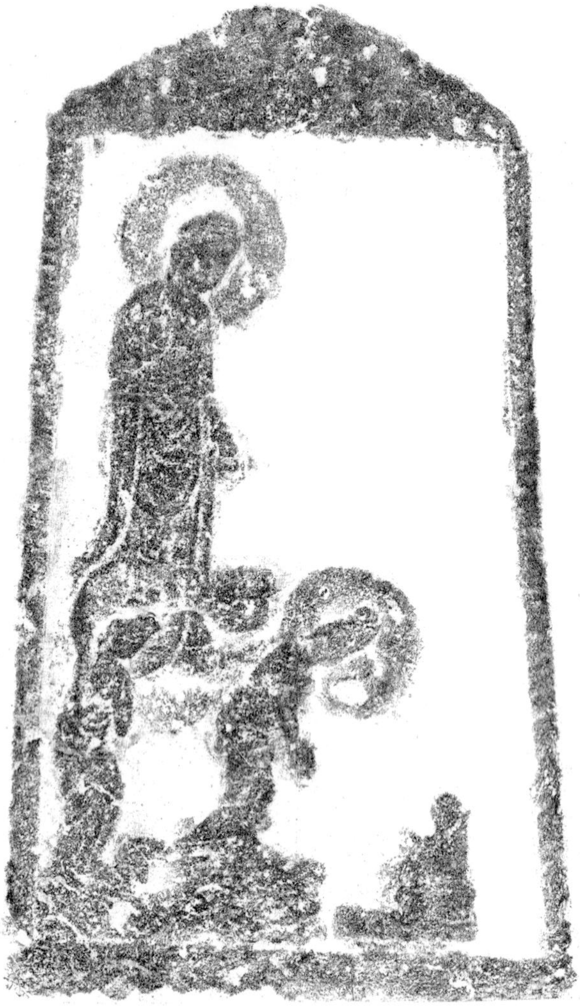

福 31　須賀川市仁井田字阿弥陀（縮尺 1/10）

福 32　須賀川市仁井田・願成寺

福33　須賀川市仁井田・常林寺

福 34　須賀川市西川字影沼（高速道路横）

福 35　須賀川市袋田・阿弥陀堂（縮尺 1/10）

福 36　須賀川市和田・金剛院

福 37　須賀川市前田川広町（縮尺 1/10）

福 38　須賀川市前田川広町

福 39　須賀川市滑川字東町（双式）・路傍　筑後塚

福 42　須賀川市田中字堀ノ内・畑の中

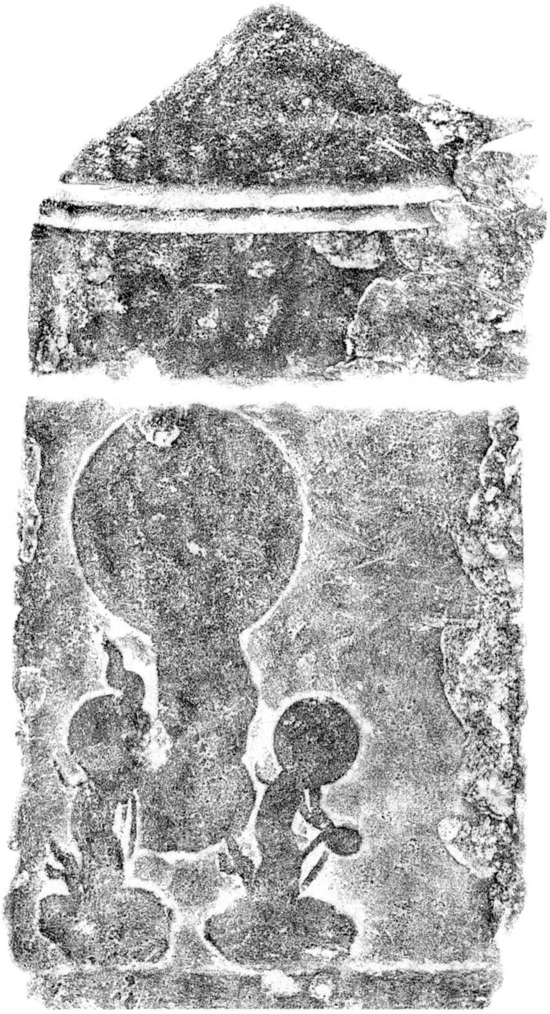

福 41　須賀川市雨田・中山地蔵堂

福 43　須賀川市下小山田・佐藤家

福 44　須賀川市桂田字石田

福45　須賀川市今泉・永禄寺

福 46　須賀川市畑田・長命寺（縮尺 1/10）〈縣敏夫氏提供〉

福 47　須賀川市大久保字宿・相楽家

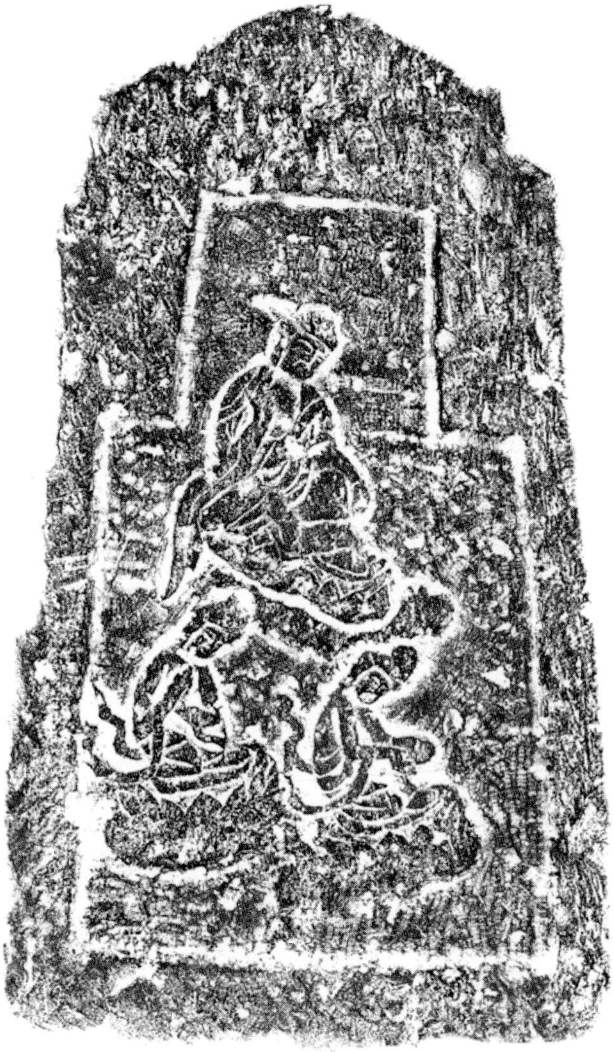

福 48　須賀川市桙衝字古舘・熊田家横

福 49　鏡石町鏡田・路傍

福 63　白河市（旧表郷村）表郷番沢字硯石（部分拓）

福 55　矢吹町三城目・澄江寺

福 52　矢吹町東の内・路傍

福 51　鏡石町西側・鈴木家

福 53　矢吹町堰の上・阿弥陀湯・1

福 54　矢吹町堰の上・阿弥陀湯・2

福 56　矢吹町三城目・諸根家

福 61　泉崎村泉崎・昌建寺

福 50　鏡石町鏡沼・西光寺

福 57　矢吹町中野目・円谷正秋家

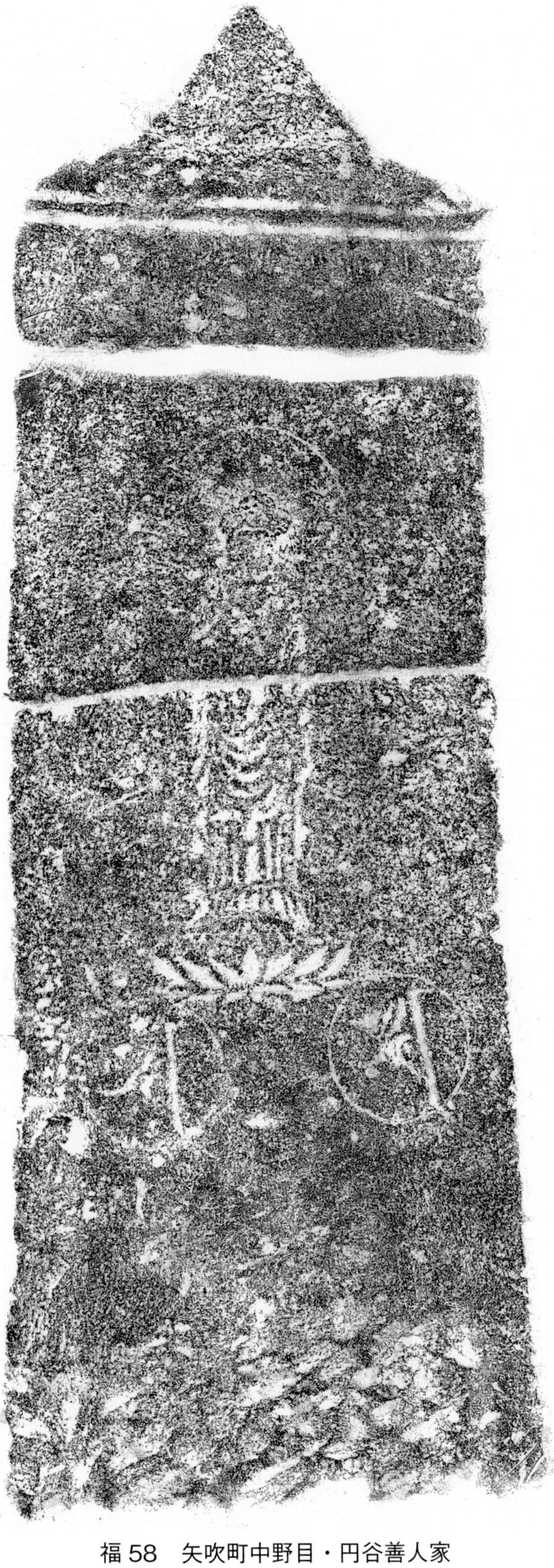

福 58　矢吹町中野目・円谷善人家

福 59　泉崎村踏瀬・観音山（磨崖）

福 60　泉崎村太田川・常願寺

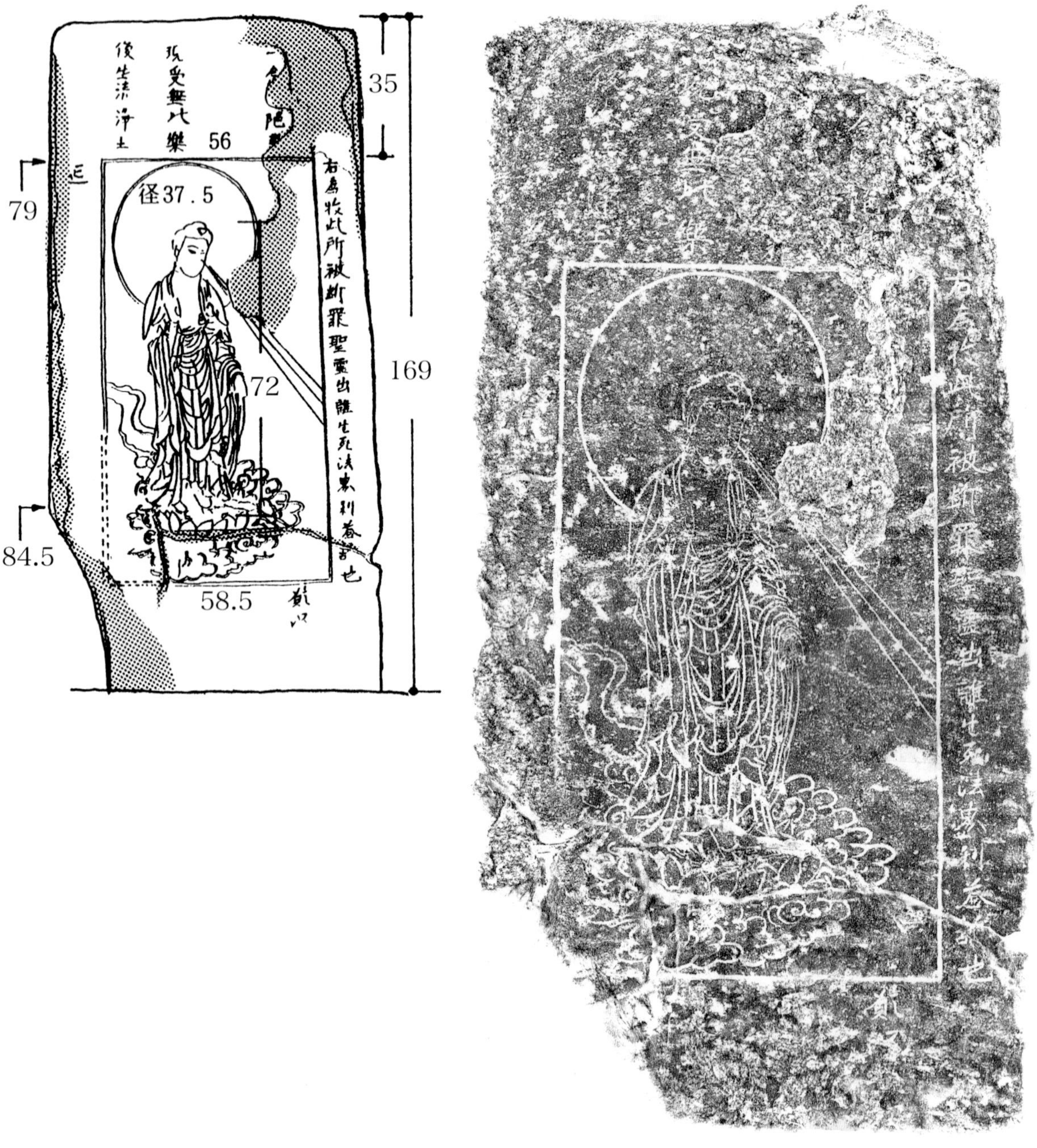

福62　白河市大南田・大村温泉（縮尺1/10）

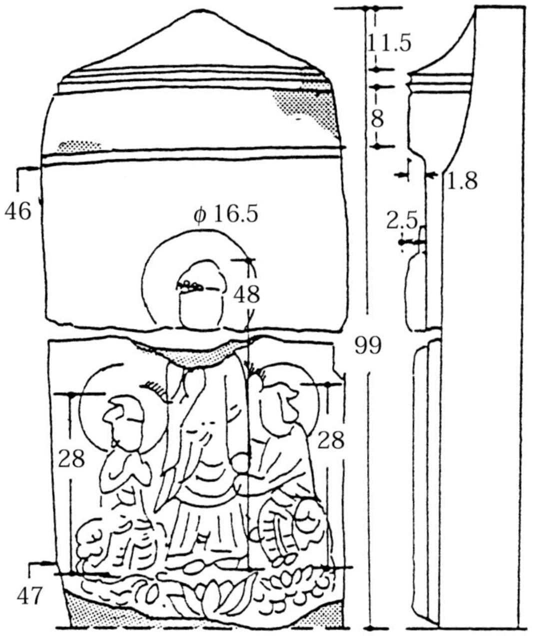

福64　玉川村岩法寺・観音山・1

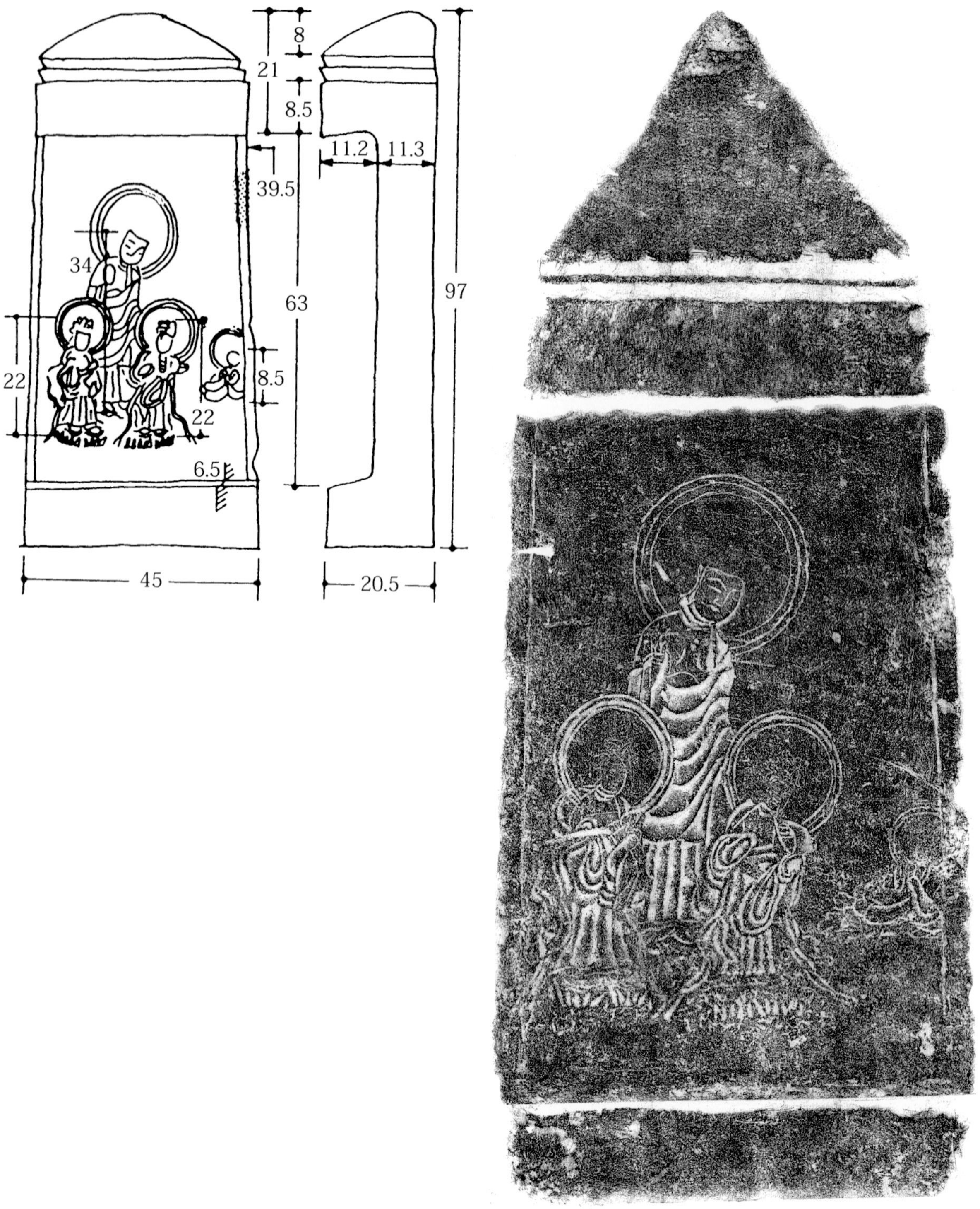

福65　玉川村岩法寺・観音山・2

福66　玉川村小高・長慶寺

福 67　玉川村北須釜・仁戸内阿弥陀堂

福 68　玉川村川辺・川辺墓地

福 69　玉川村南須釜字奥平

福 71　石川町字境ノ内・古市家

福 72　石川町字大内・金内家

福 74　石川町字和久・1（部分拓）

福 73　石川町字長郷田（部分拓）

福 75　石川町字和久・2（部分拓）

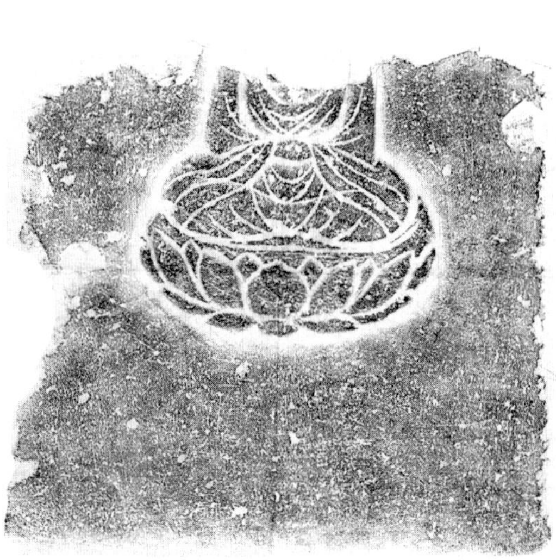

福 76　石川町字和久・3（部分拓）

福 78　石川町中田・古釜共同墓地

福 77　石川町沢井・安養寺（部分拓）

福 79　石川町外国見・墓地（部分拓）

福 70　石川町字境ノ内・関根家

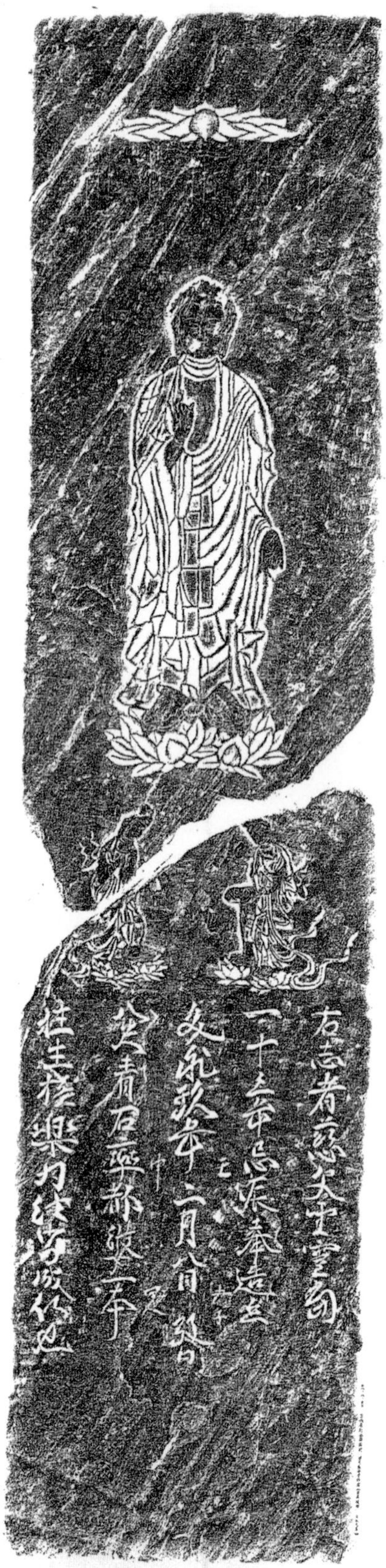

茨１　つくば市金田・桜歴史民俗資料館
（縮尺 1/10）

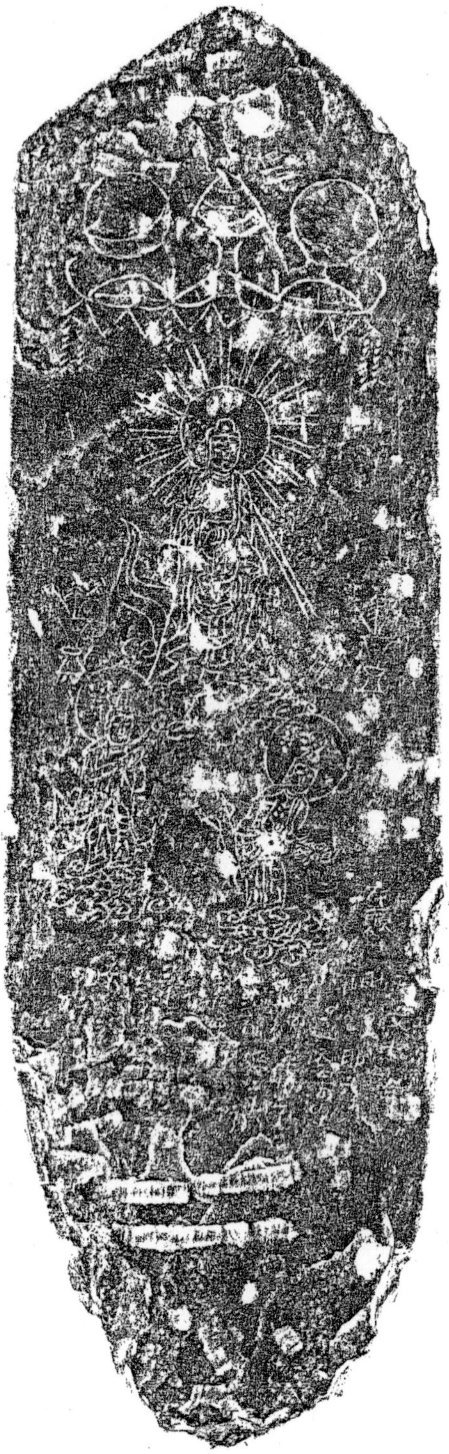

茨２　坂東市辺田・西念寺

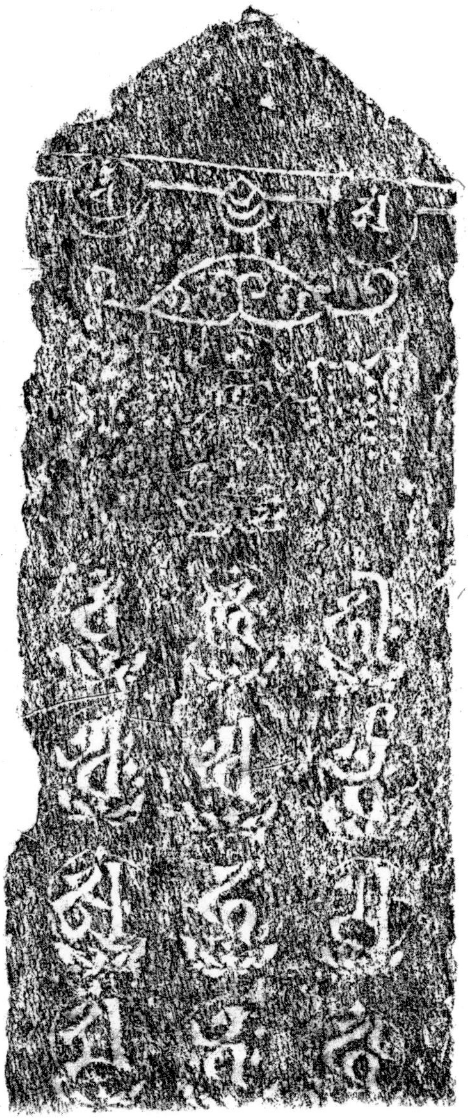

茨４　坂東市鵠戸・鵠戸地蔵堂・２

茨３　坂東市鵠戸・
鵠戸地蔵堂・１

茨６　坂東市岩井・藤田共
同墓地

茨５　坂東市幸田・正法院墓地

茨７　坂東市大崎・高橋家

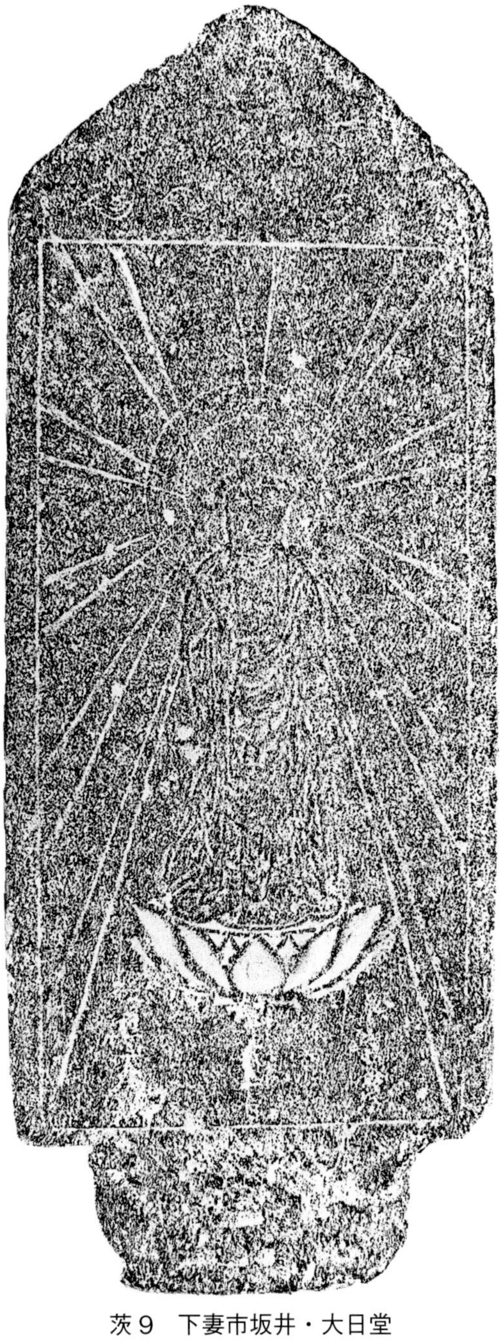

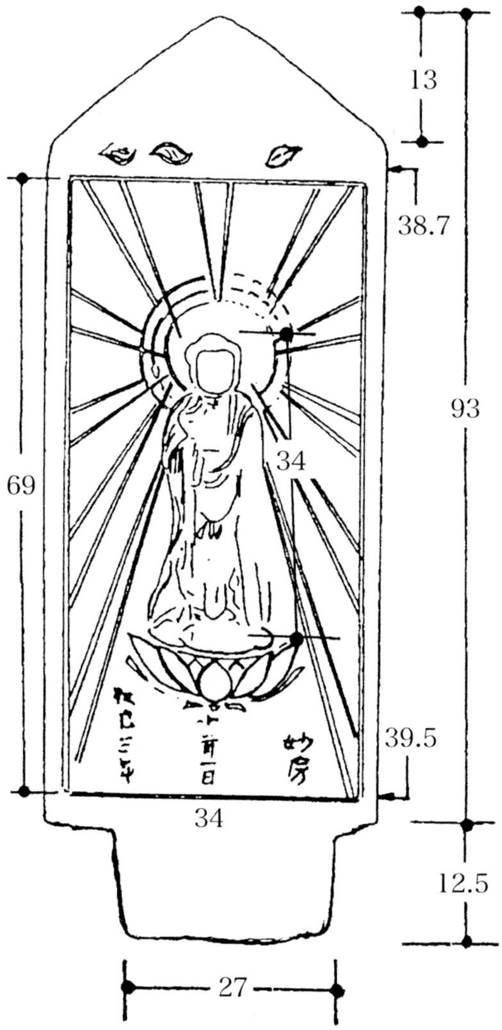

茨９　下妻市坂井・大日堂

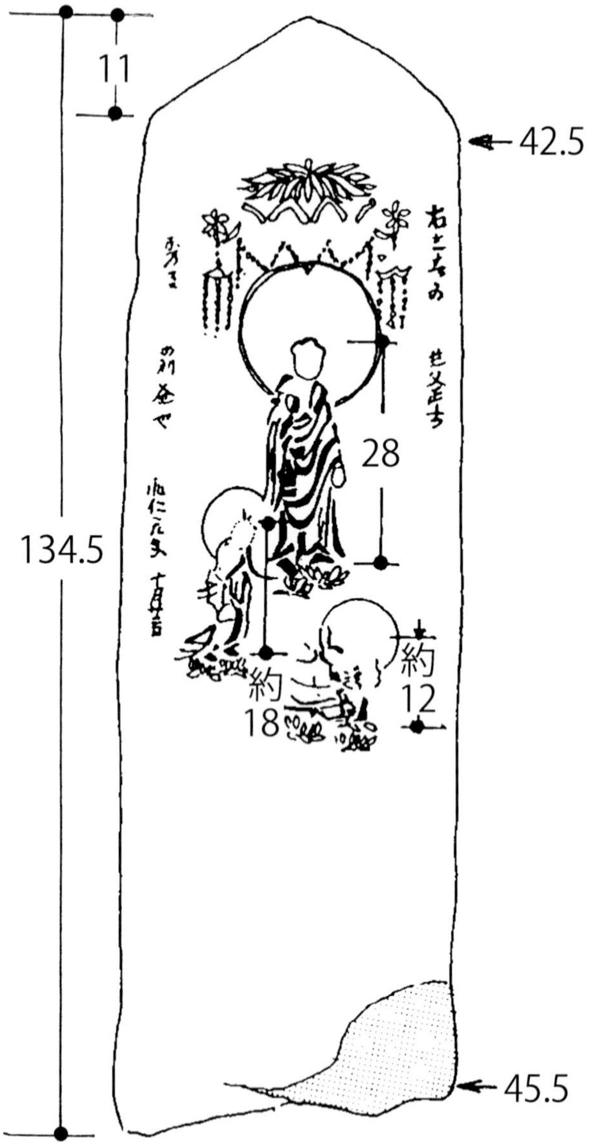

茨 10　神栖市平泉外十二入会・歴史民俗資料館

拓影（北関東三県）6

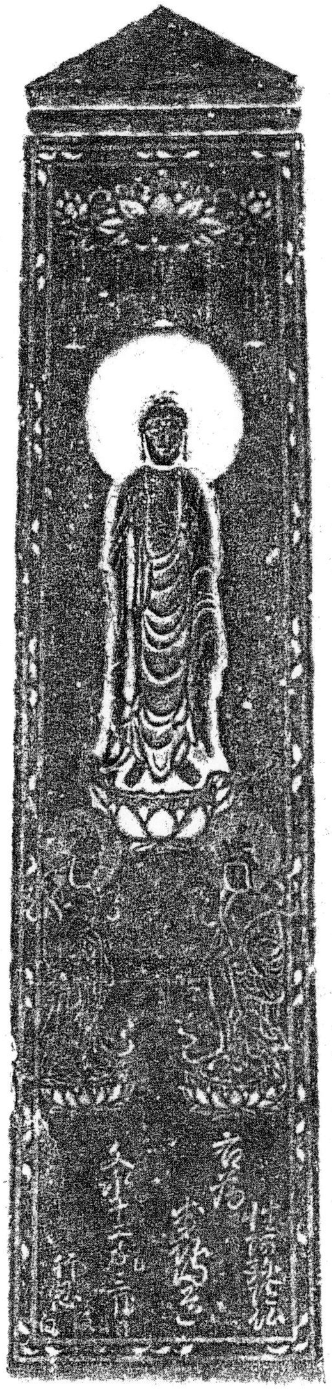

栃１　足利市小俣町・別府家
（縮尺 1/10）

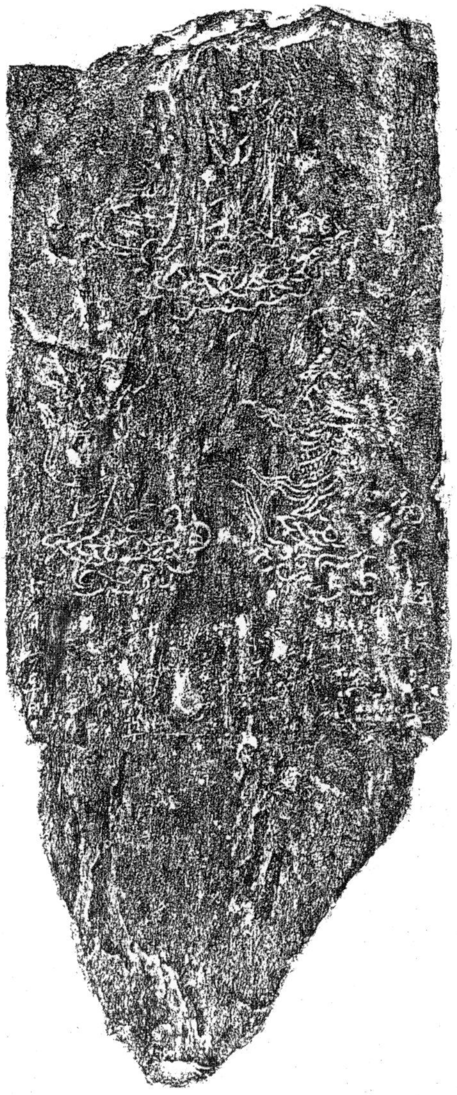

茨８　常総市水海道高野町・共同墓地

栃３　佐野市犬伏下町・大庵寺
〈嘉津山清氏提供〉

栃５　益子町上大羽・地蔵院

栃２　佐野市堀米町・一向寺

群３　前橋市公田町・乗明院
（縮尺 1/10）

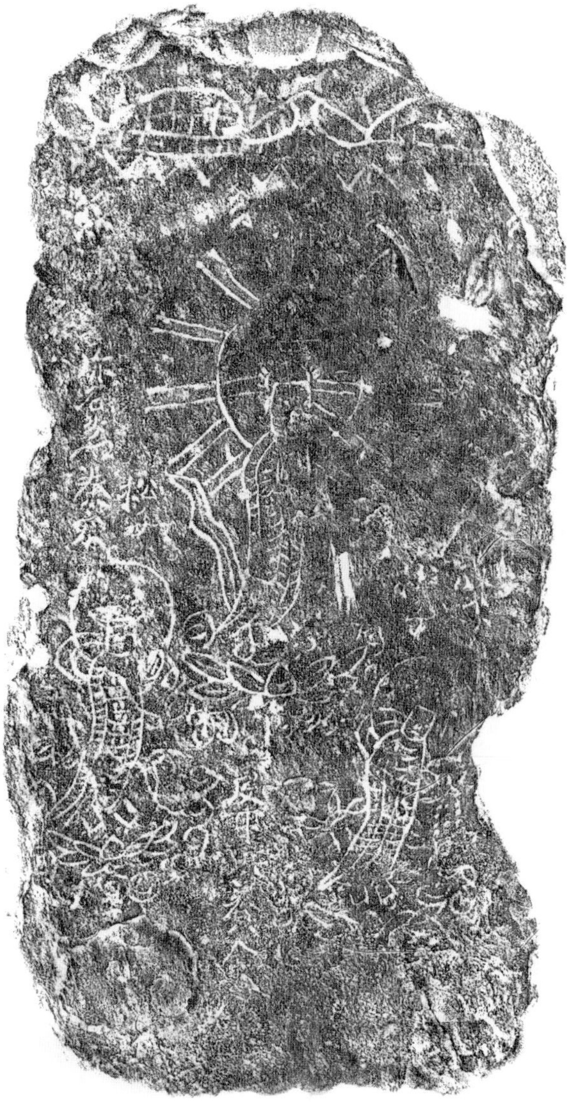

栃４　野木町佐川野・岩崎家旧在
（現在小山市立博物館）

群４　前橋市鶴光路町・善光寺

群２　前橋市端気町・善勝寺

群１　前橋市小島田町・大門阿弥陀堂

群７　高崎市岩鼻町・県立歴史博物館・２
（まるほん旅館寄託）

群６高崎市岩鼻町・県立歴史博物館・１

群 5　前橋市東善町・月田家墓地

群 12-2　藤岡市本郷・葵八幡社 2
（縮尺 1/10）

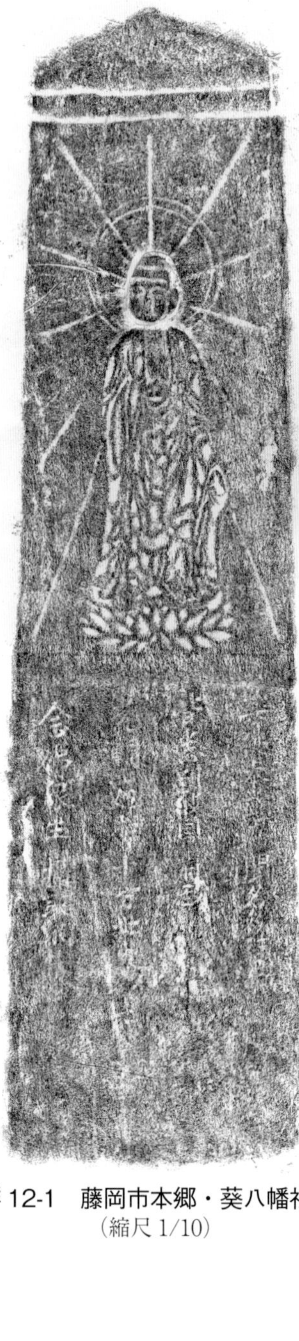

群 12-1　藤岡市本郷・葵八幡社 1
（縮尺 1/10）

群 10　高崎市根小屋町・上原家

群 13　富岡市蕨・一ノ坂公会堂

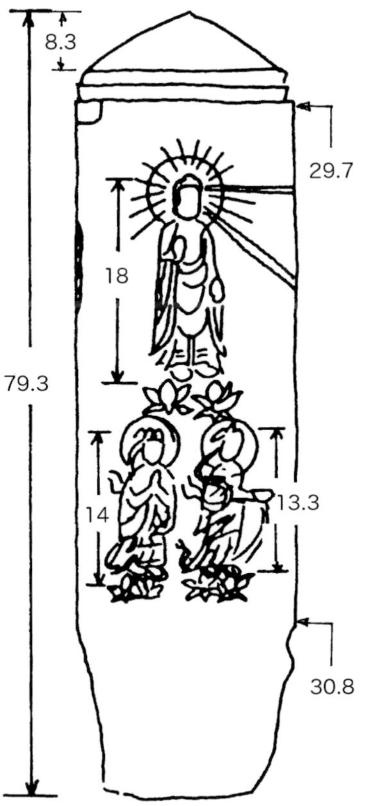

群 8　高崎市山名町・路傍

群 15　富岡市下丹生・野口家墓地

群 11　高崎市中大類町・松本家

群 14　富岡市富岡・栖雲寺

群 9　高崎市木部町・安楽寺

群 18　東吾妻町五町田・南沢墓地

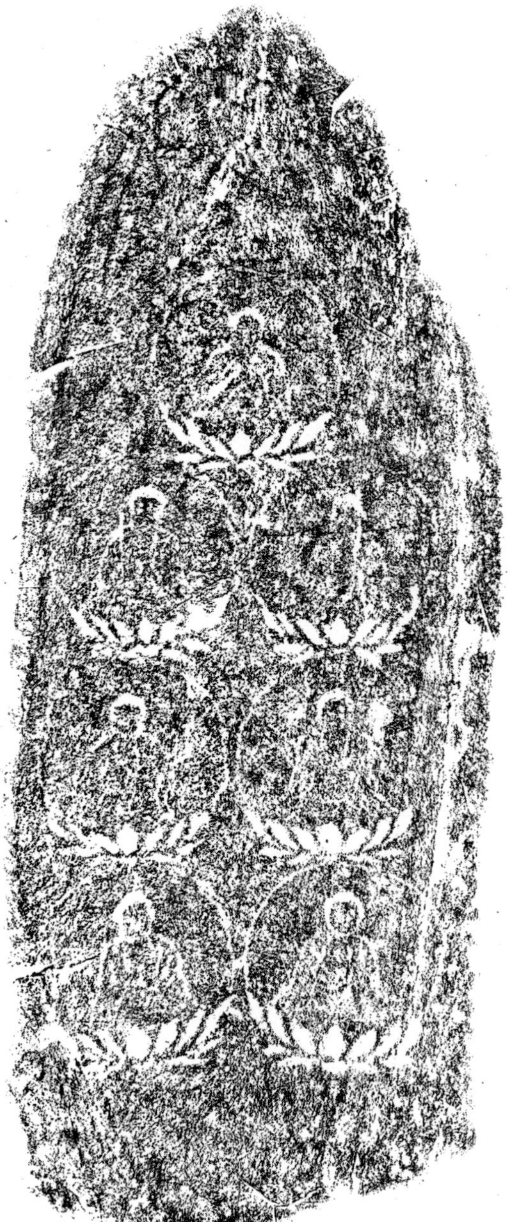

群 16　富岡市原田篠・公会堂

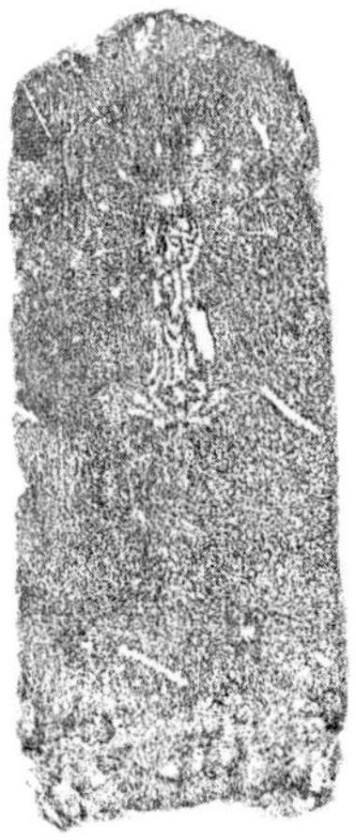

群 26　玉村町
下新田・玉村小学校

群 23　上野村新羽・宝蔵寺

群 17　中之条町伊勢町・林昌寺

群 21　高崎市吉井町塩・橋爪家

群 19　吉岡町南下・田子家

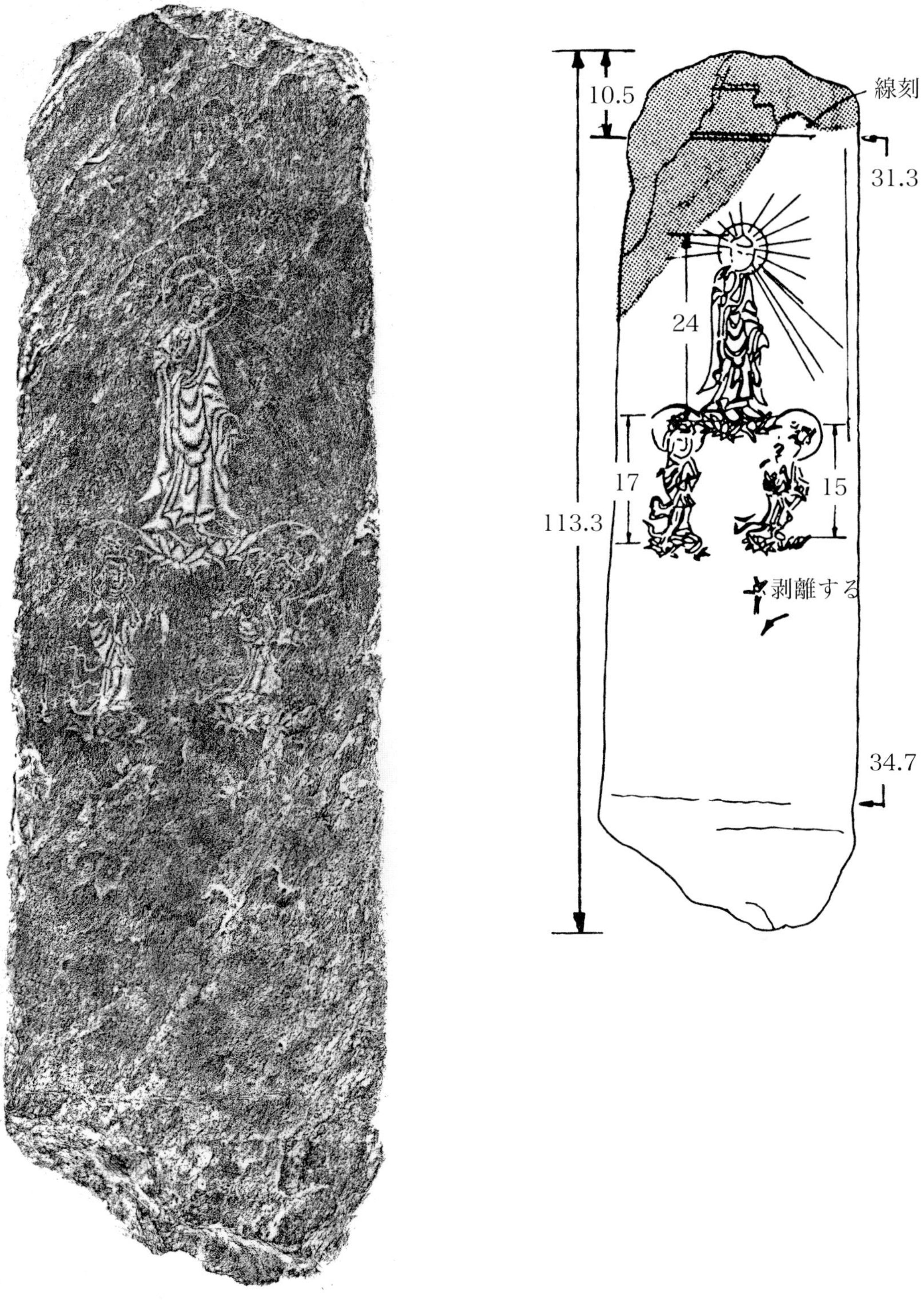

群 20　高崎市吉井町吉井・吉井郷土資料館

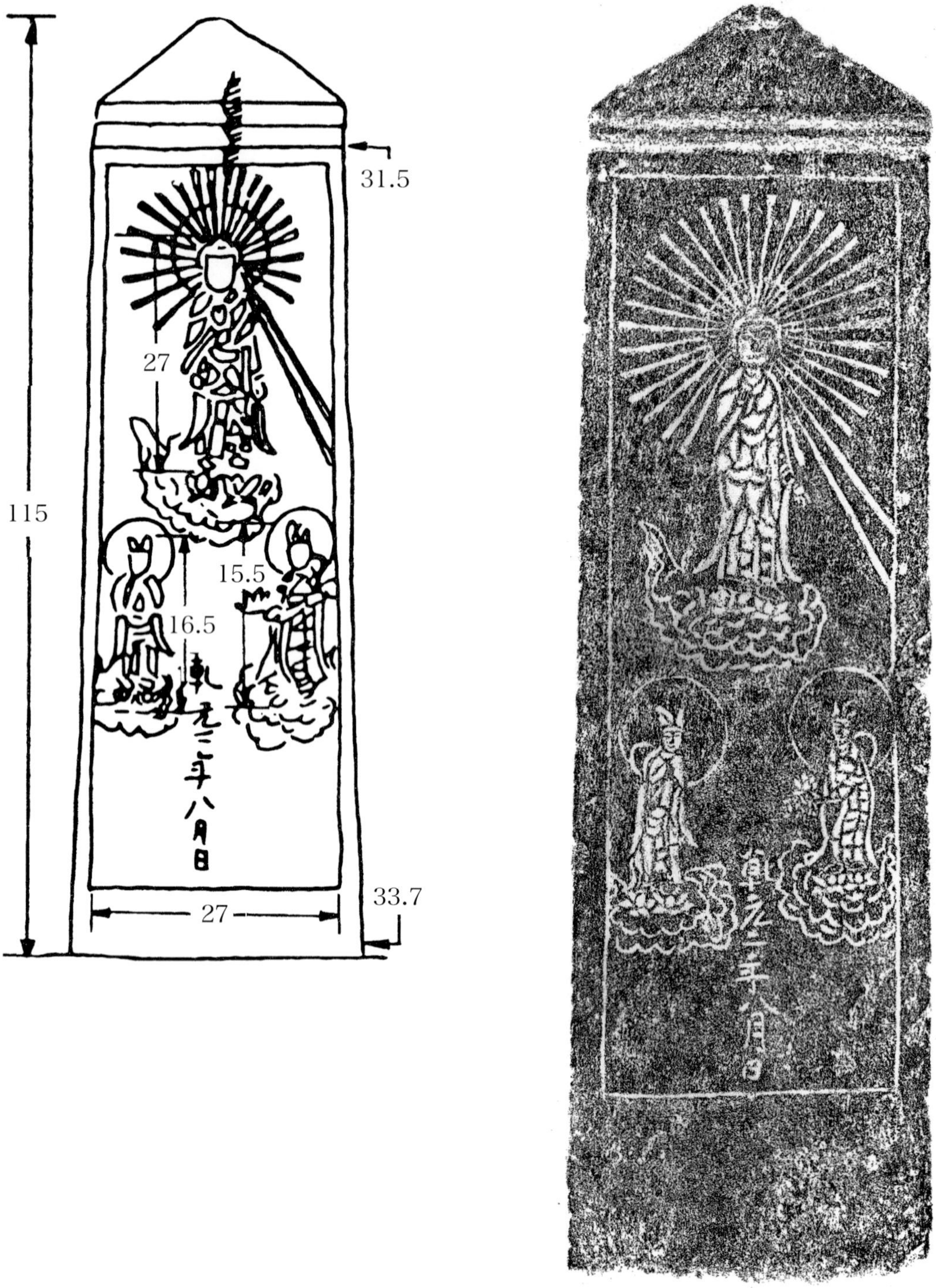

群22　神流町柏木・路傍

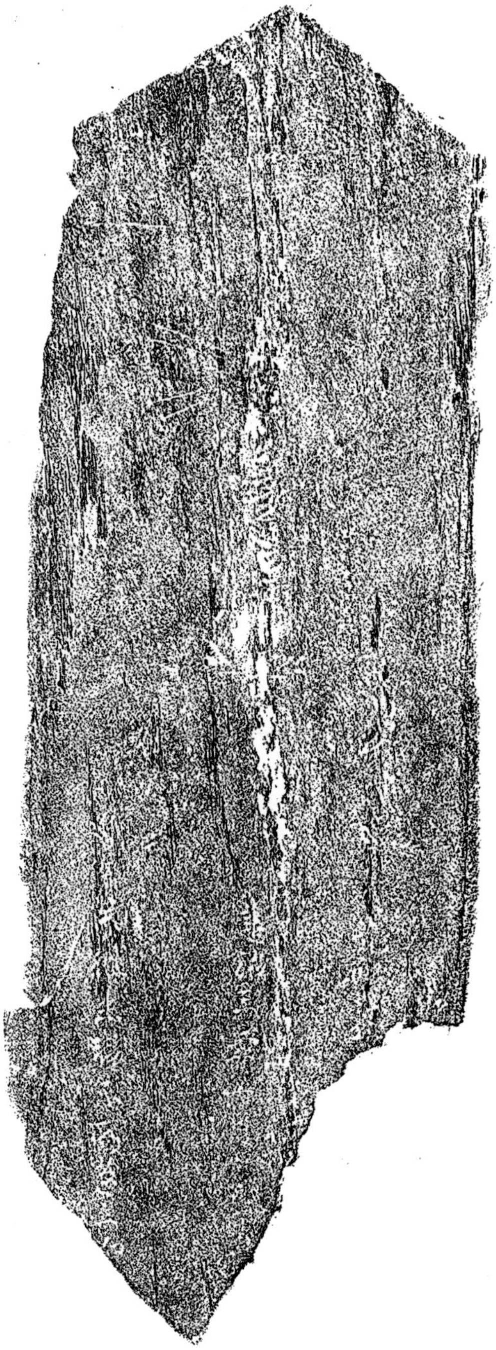

群 24　甘楽町福島・阿弥陀堂跡

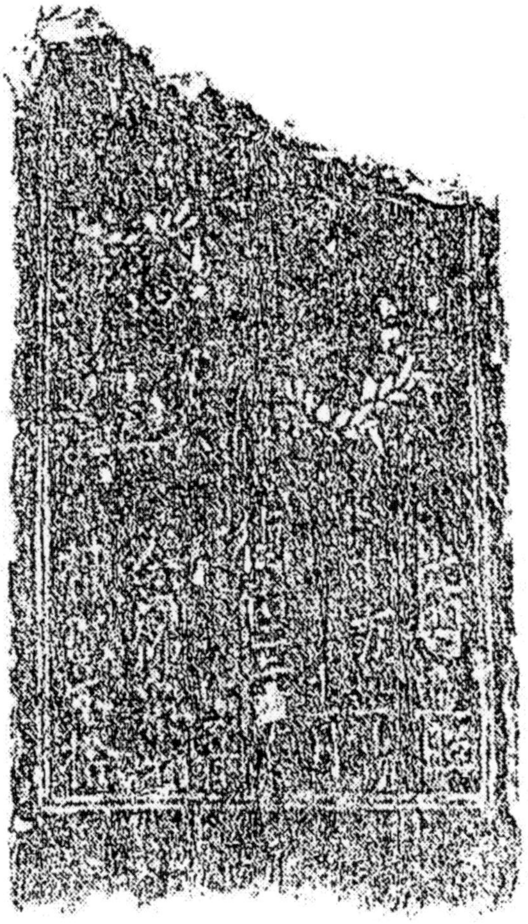

群 27　板倉町大高嶋・宝性寺

群 25　安中市松井田町高梨子・木村家

埼１　川口市宮町・遠山家

埼２　川口市南町・吉祥院

埼３　川口市領家・光音寺・１

埼４　川口市領家・光音寺・２

埼６　さいたま市緑区大門・大興寺・１

埼７　さいたま市緑区大門大興寺・２

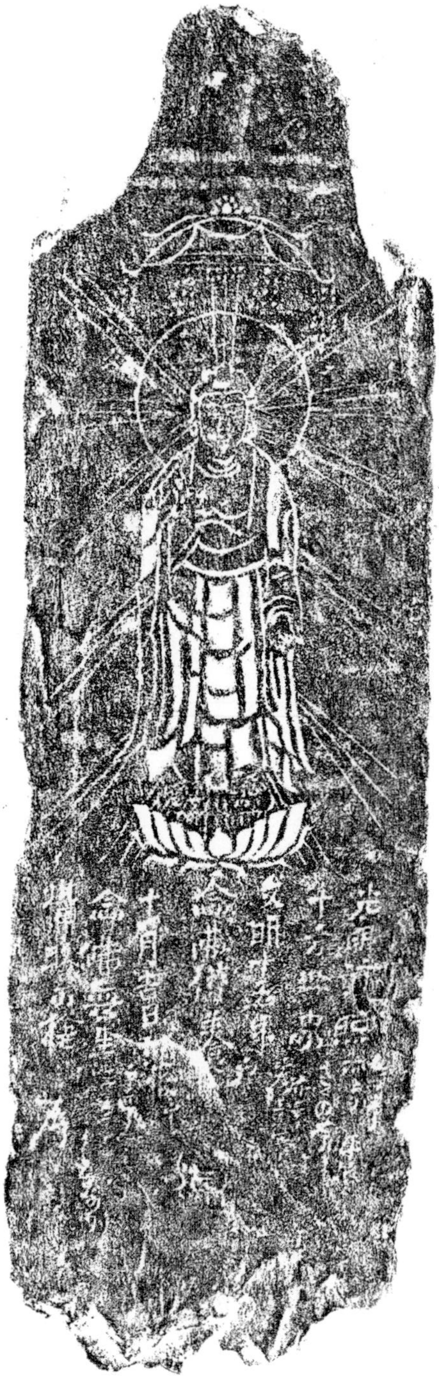

埼８　さいたま市緑区三室・武笠家

埼 10　さいたま市緑区中尾・福生寺

埼 11　さいたま市南区内谷・一乗院

埼 9　さいたま市浦和区瀬ヶ崎・東泉寺

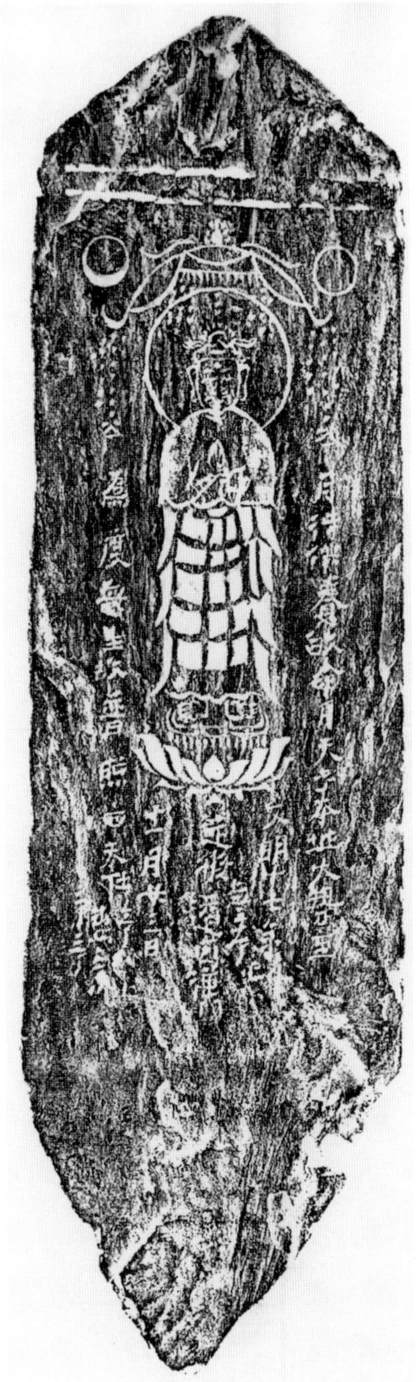

埼 12　さいたま市緑区三室
浦和博物館・1

埼 13　さいたま市緑区三室
浦和博物館・2

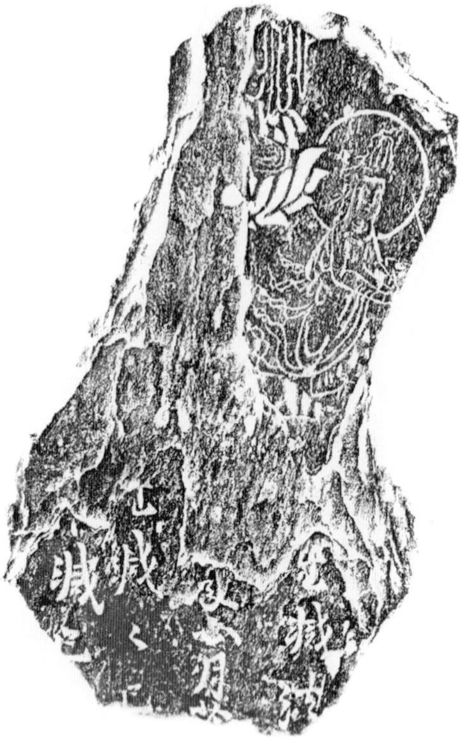

埼 15　さいたま市南区曲本・無量寺墓地

埼 16　さいたま市見沼区染谷・三枝家

埼 14　さいたま市緑区大谷口・明花基地〈縣敏夫氏提供〉

埼 19　鴻巣市登戸・勝願寺

埼 17　さいたま市見沼区片柳・守屋家

埼 20　鴻巣市大間・久保寺墓地

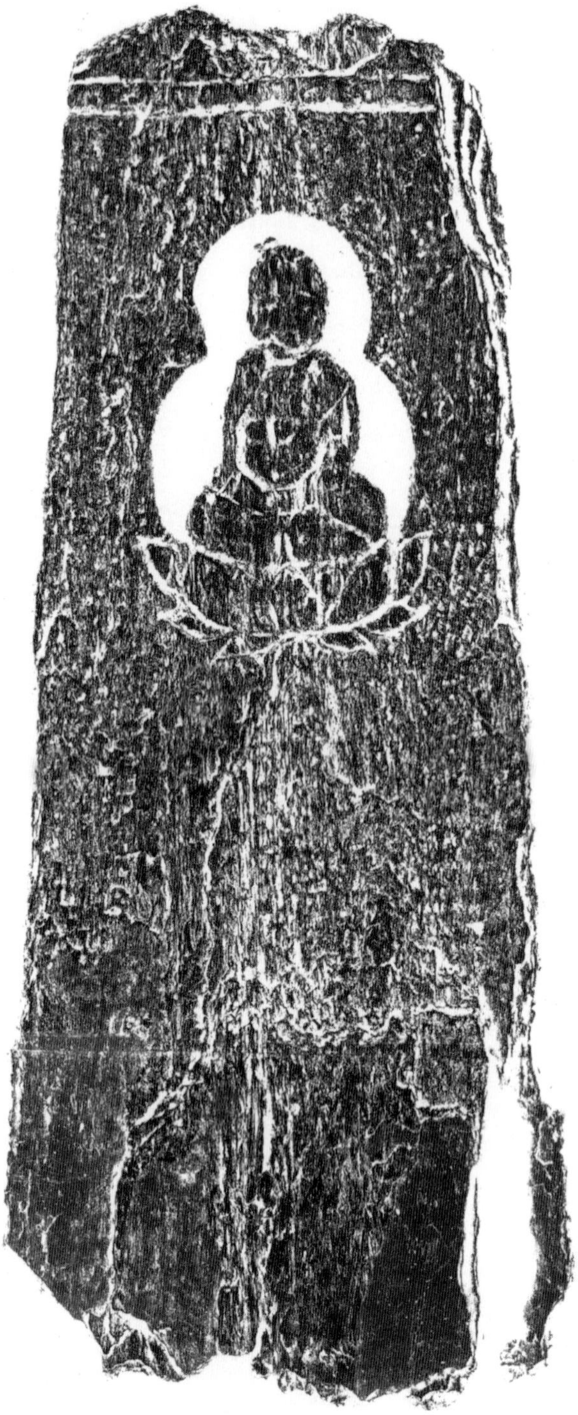

埼 21　鴻巣市箕田・龍昌寺（縮尺 1/10）

埼 24　上尾市畔吉・畔吉東部共同墓地

埼 22　鴻巣市上谷・古谷野家

埼 25　草加市柿木町・東漸寺

埼 18　さいたま市西区指扇領別所・福正寺

埼 5　さいたま市緑区上野田
東台墓地

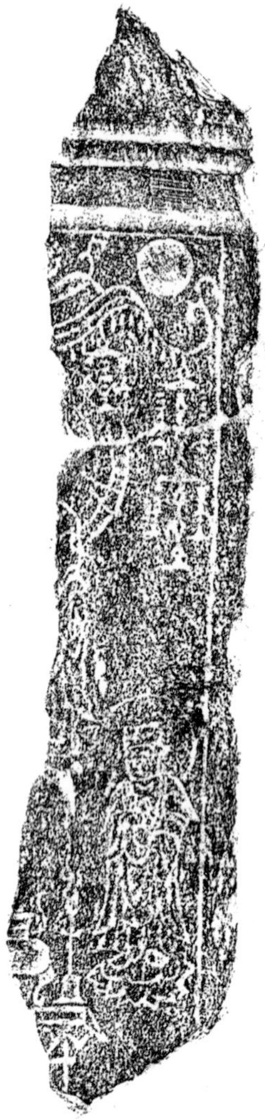

埼 23　さいたま市浦和区
上木崎・さいたま市
浦和文化財資料室

埼 28　蕨市北町・三学院

埼 29　戸田市笹目南町・栗原家

埼 27　草加市遊馬町・馬場家

埼 26　草加市瀬崎・豊田家

埼 30　戸田市笹目・平等寺

埼 31　志木市柏町・舘氷川神社

埼 32　北本市深井・寿命院

埼 33　伊奈町小室・清光寺

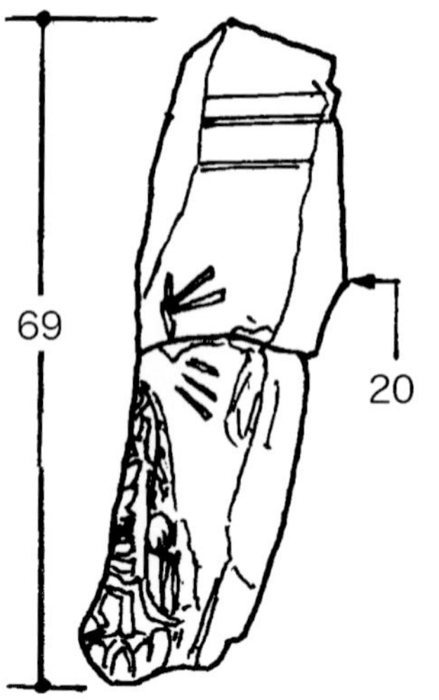

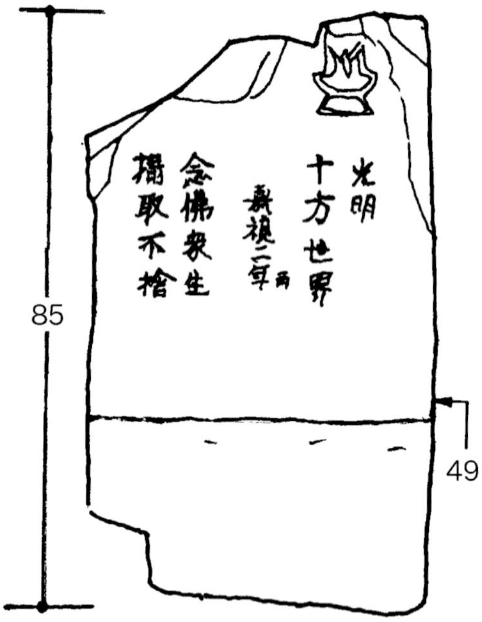

埼 35　鴻巣市大芦・龍光寺

埼 36　鴻巣市小谷・金乗寺・1

埼 37　鴻巣市小谷・金乗寺・2

埼 38　川越市郭町・市立博物館・1

埼 39　川越市郭町・市立博物館・2

埼 41　所沢市西新井町・熊野神社
（縮尺 1/10）

埼 34　鴻巣市鎌塚・田中家〈坂田二三夫氏提供〉

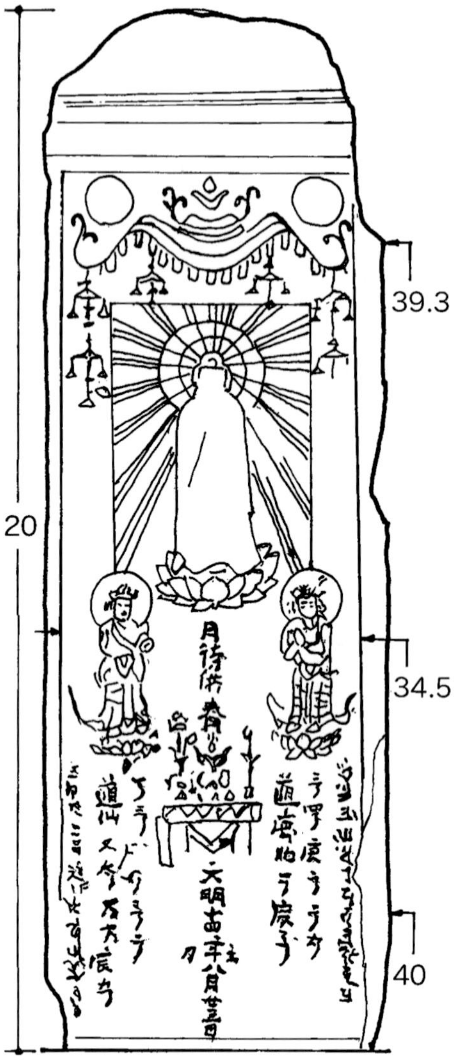

埼 42　狭山市沢・天岑寺

埼 40　川越市豊田本・
善長寺

埼 44　富士見市勝瀬・護国寺

埼 43　狭山市柏原・奥富家

埼 45　富士見市諏訪・瑠璃光寺

埼 46　富士見市諏訪・馬場家

埼 47　富士見市下南畑・柳下家

埼 48　富士見市山室・山室地蔵堂墓地

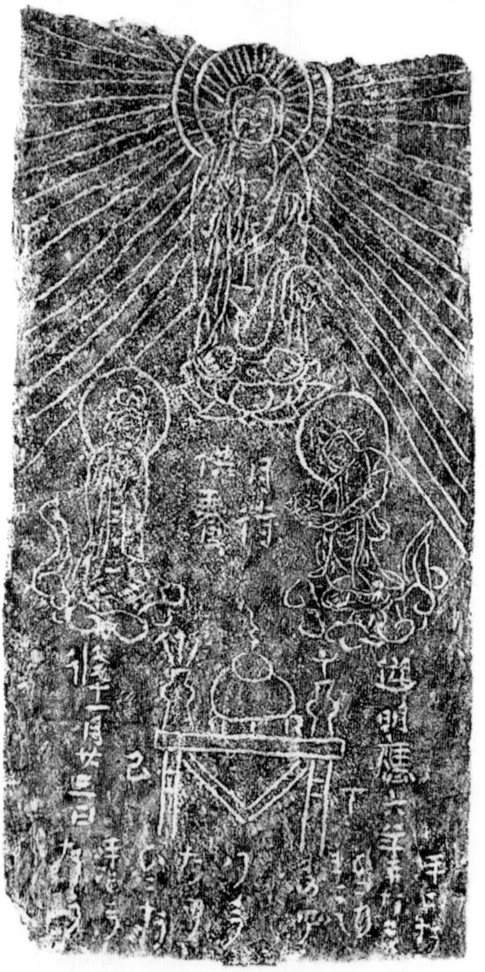

埼 49　ふじみ野市福岡・下福岡共同墓地

埼 50　ふじみ野市長宮・
ふじみ野市立上福岡歴史民俗資料館・1

埼 55　飯能市上名栗・町田家〈諸岡勝氏提供〉

埼 54　鶴ヶ島市五味ヶ谷・共同墓地

埼 51　ふじみ野市長宮・
ふじみ野市立上福岡歴史民俗資料館・2

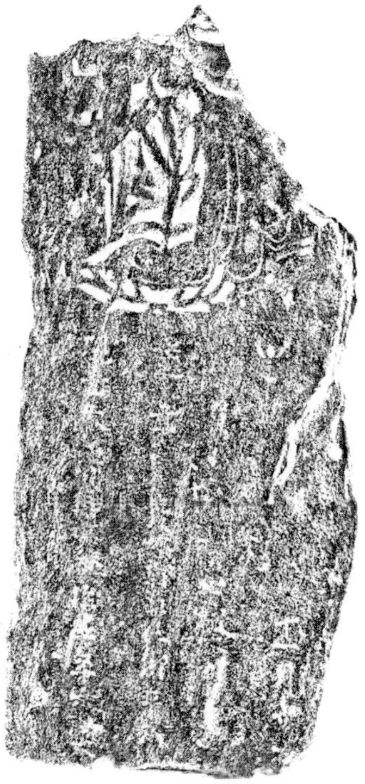

埼 52　ふじみ野市市沢・市沢共
同墓地

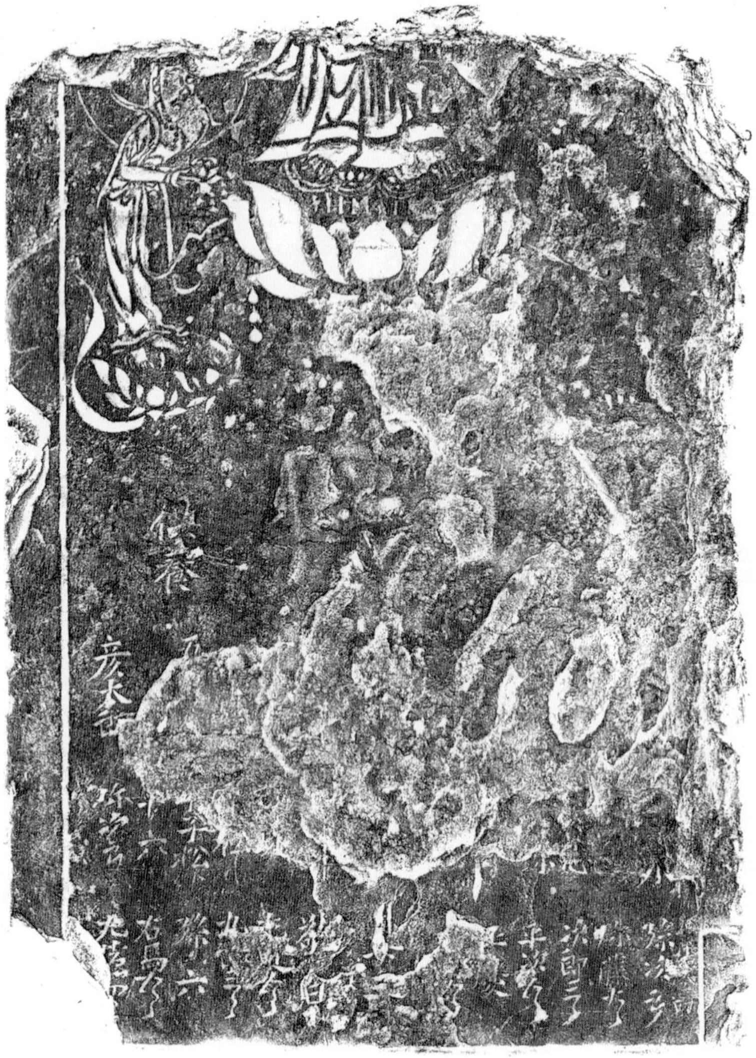

埼 57　東松山市柏崎・萬松寺墓地

埼 60　東松山市岡・光福寺
（縮尺 1/10）

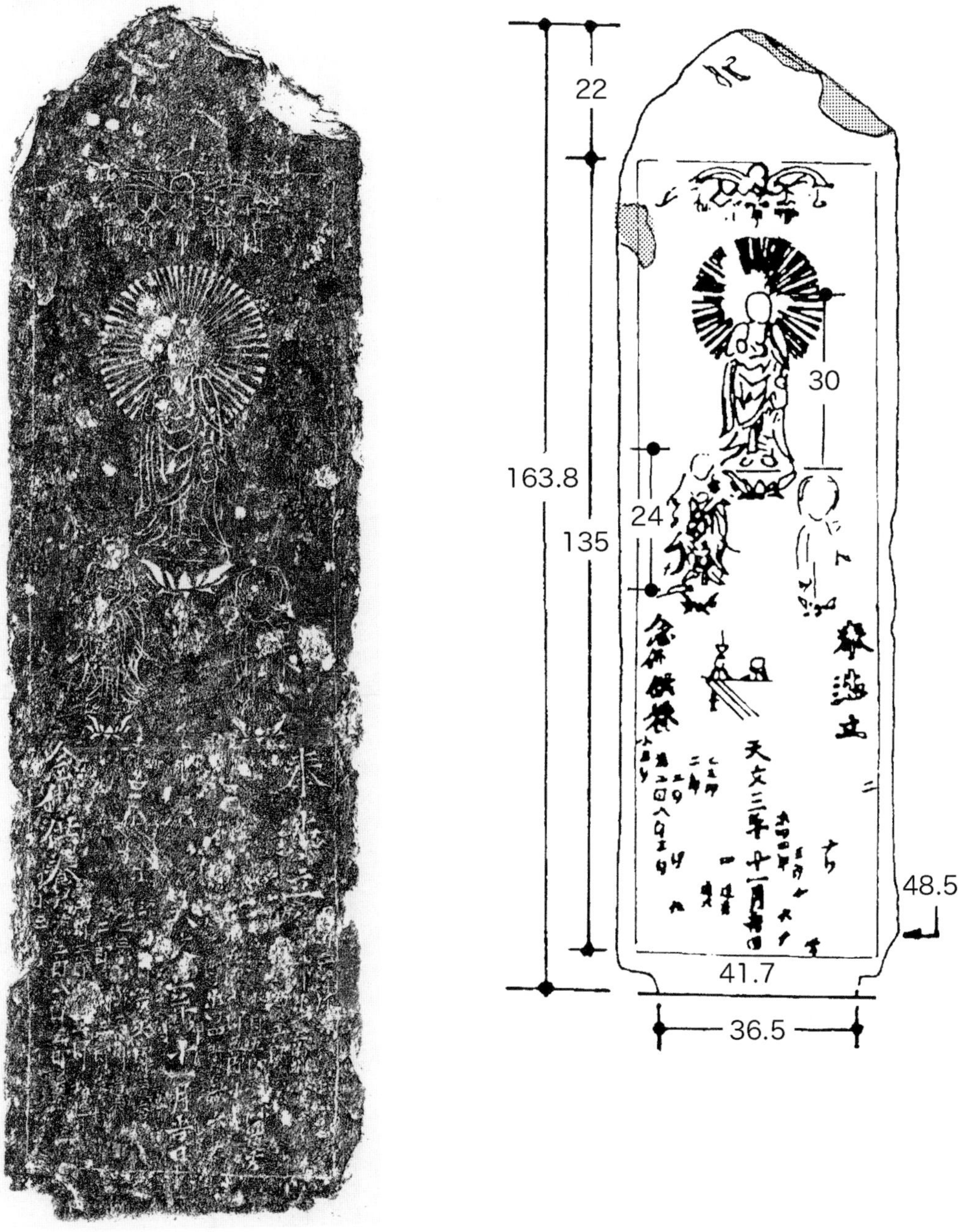

埼 59　東松山市六反町・
新宿共同墓地（縮尺 1/10）

埼 62　東松山市宮鼻・香林寺・2

埼 61　東松山市宮鼻・香林寺・1

埼 63　東松山市正代・御霊神社崖下・1

埼 64　東松山市正代・御霊神社崖下・2

埼 65　東松山市岩殿・正法寺

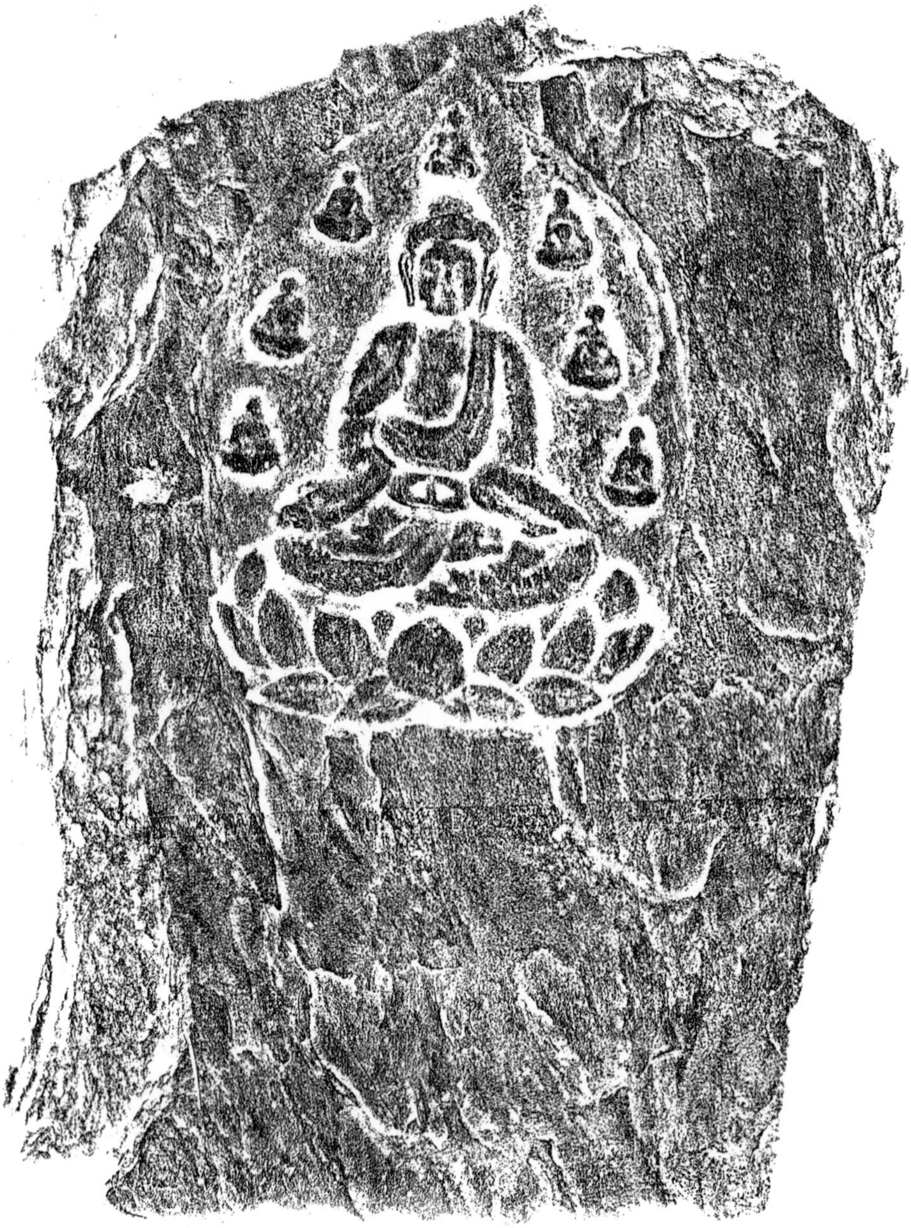

埼 67　東松山市毛塚・新井家

埼 68　東松山市石橋・おため池畔

埼 66　東松山市岩殿・正法寺向かいの山

埼 56　東松山市古凍・古凍根岸共同墓地

埼69　東松山市大谷・藤野家

埼 70　嵐山町越畑・久保家

埼 72　嵐山町吉田・宗心寺

埼 58　東松山市下青鳥・
浄光寺（縮尺 1/10）

埼 73　嵐山町菅谷・県立嵐山史跡の博物館

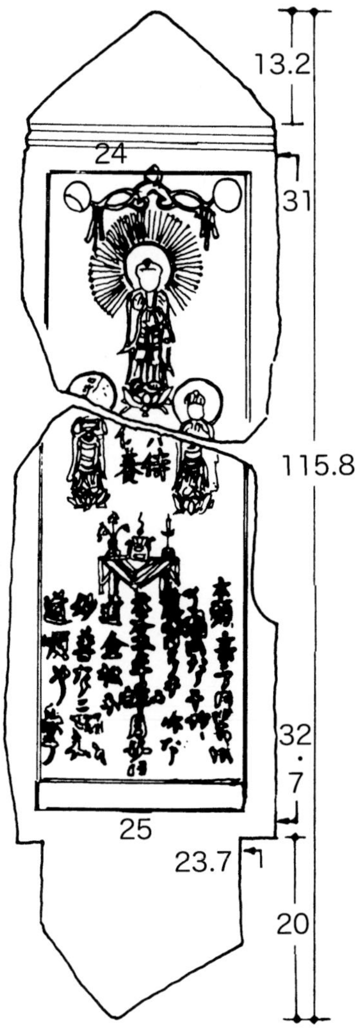

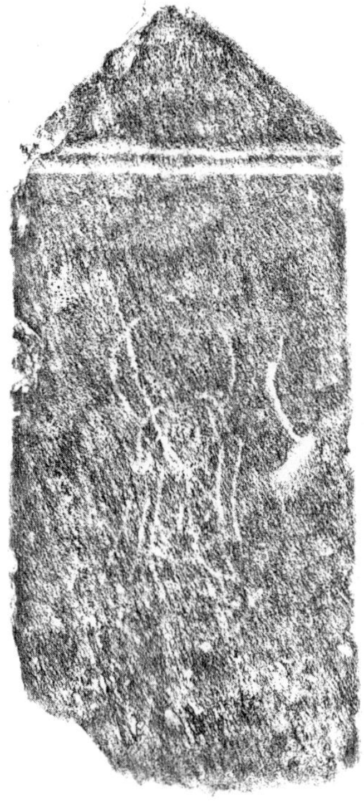

埼 77　小川町角山・亀岡家

埼 88　川島町三保谷宿・
南光院阿弥陀堂

埼 71　嵐山町越畑・青木家

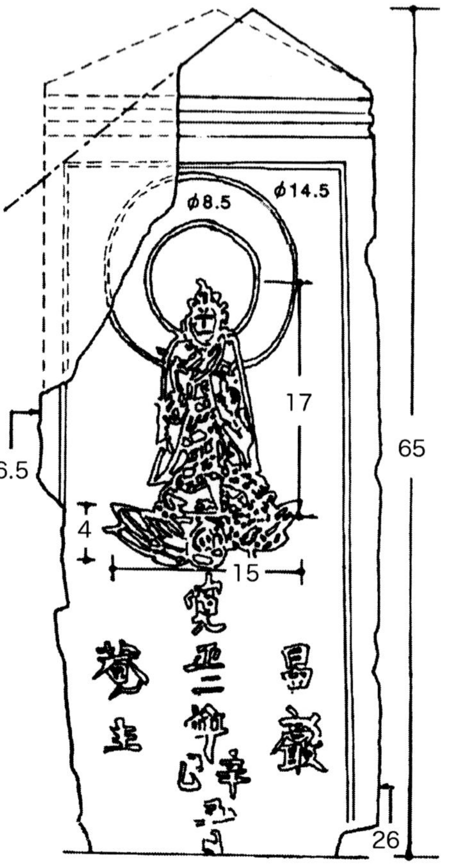

埼 79　ときがわ町玉川・
小沢モータース

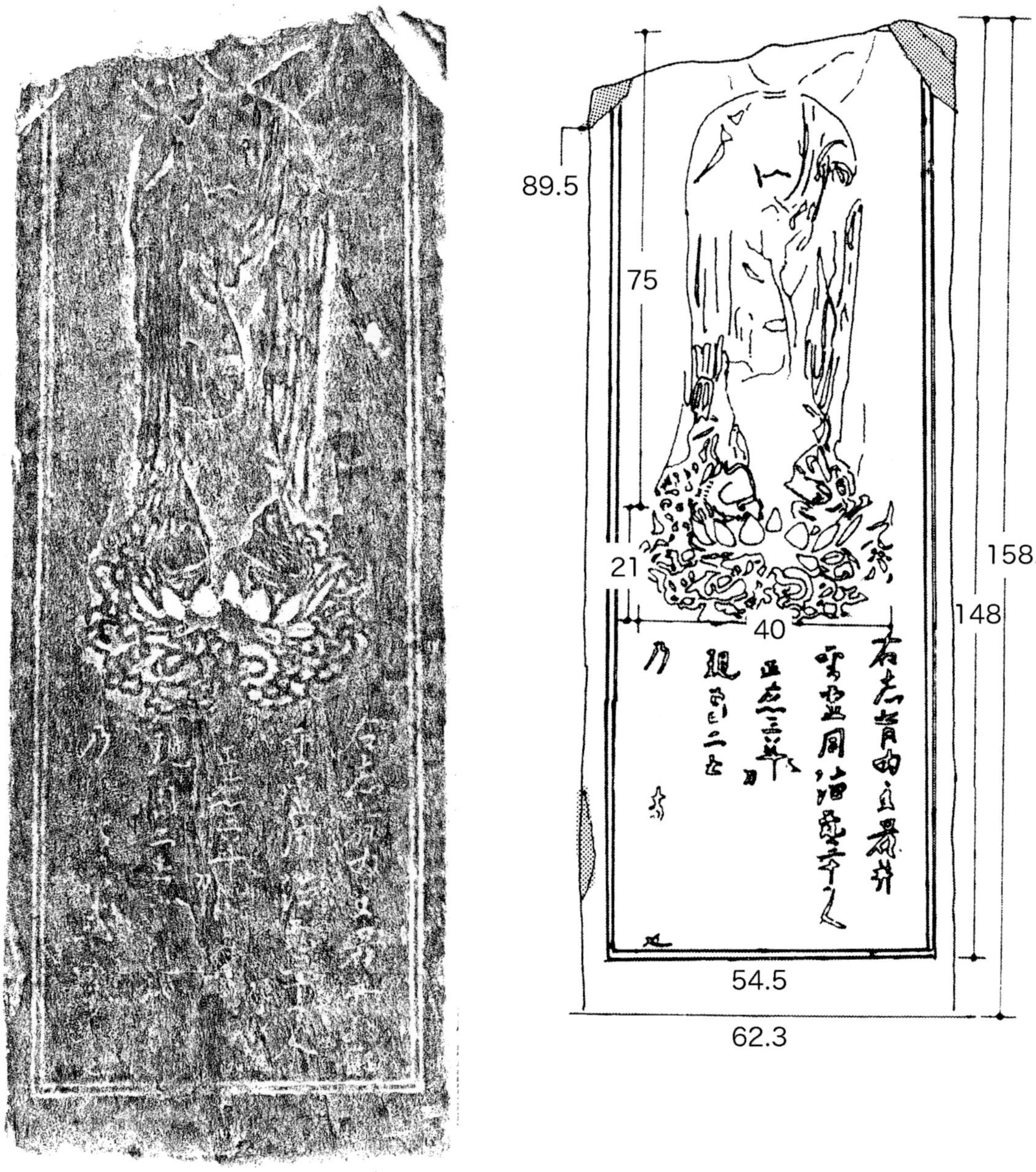

埼 75　小川町西古里・薬師堂（縮尺 1/10）

埼 76　小川町下里一区・寒沢路傍（縮尺 1/10）

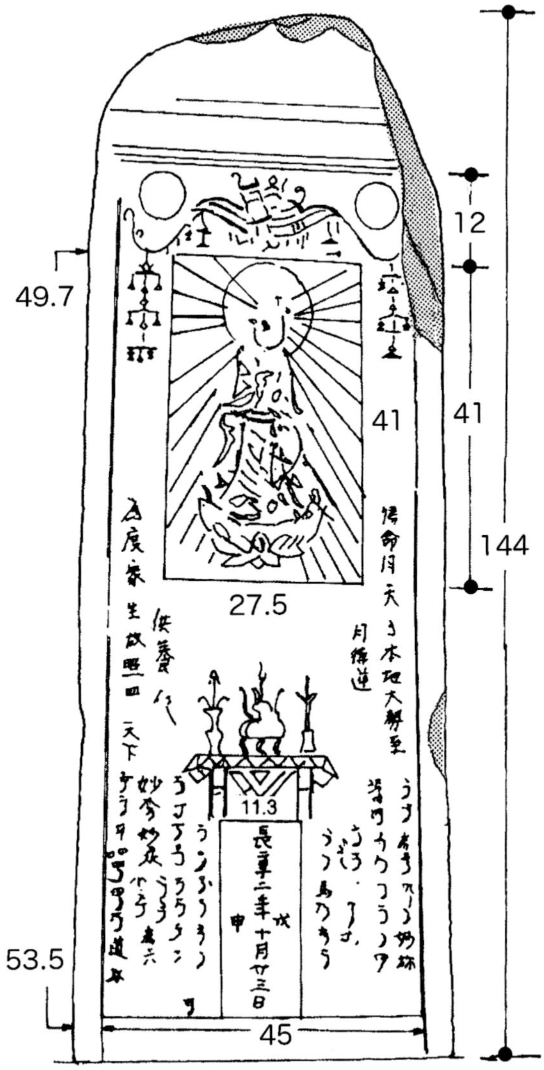

埼 78　ときがわ町西平・武藤家

埼 86　川島町吹塚・原家

埼 80　川島町上伊草・金乗院墓地

埼 81　川島町長楽・共同墓地

埼 74　小川町青山・円城寺
〈坂田二三夫氏提供〉

埼 82　川島町長楽・長楽用水横

埼 83　川島町中山・正泉寺墓地・1

埼 84　川島町中山・正泉寺墓地・2

埼 53　日高市田波目・路傍

埼 85-2　川島町小見野・安楽寺 2

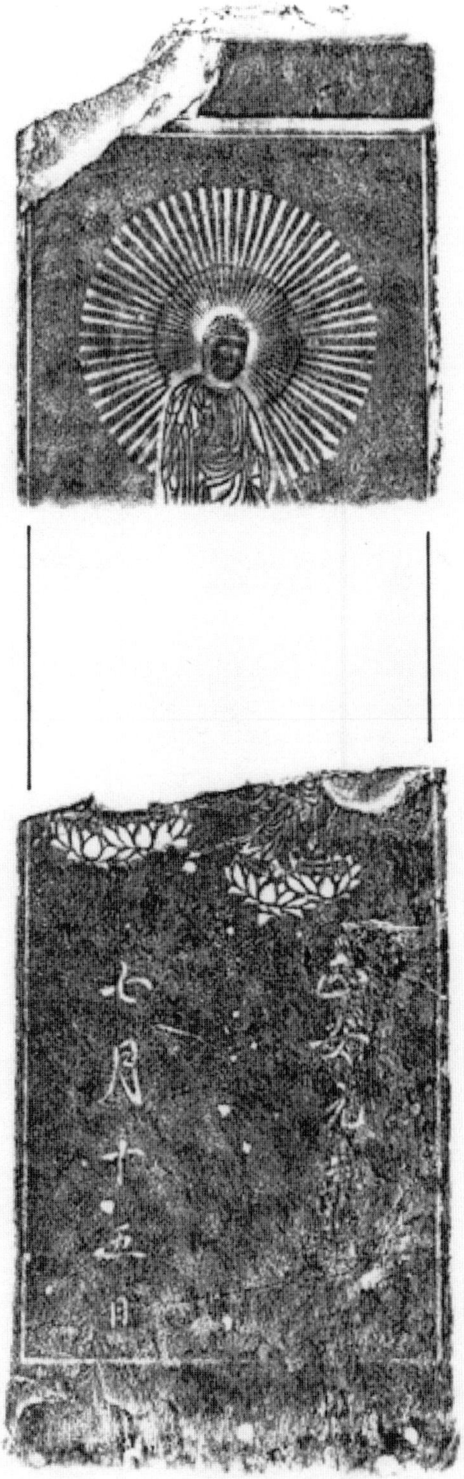

埼 85-1　川島町小見野・安楽寺 1

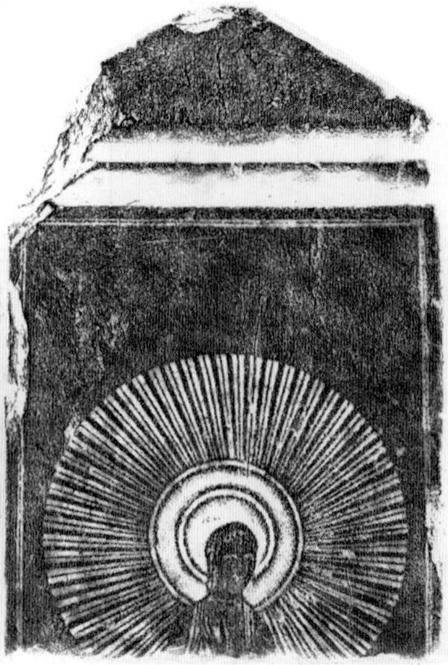

埼 85-3　川島町小見野・安楽寺 3

埼 89　吉見町丸貫・路傍　おねんぼう様
〈縮尺 1/10〉〈坂田二三夫氏提供〉

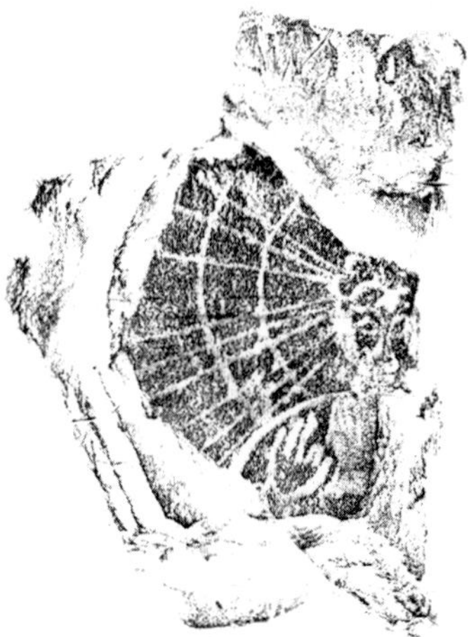

埼 87　川島町吹塚・
華蔵院地蔵堂墓地

埼 91　吉見町江綱・観音堂

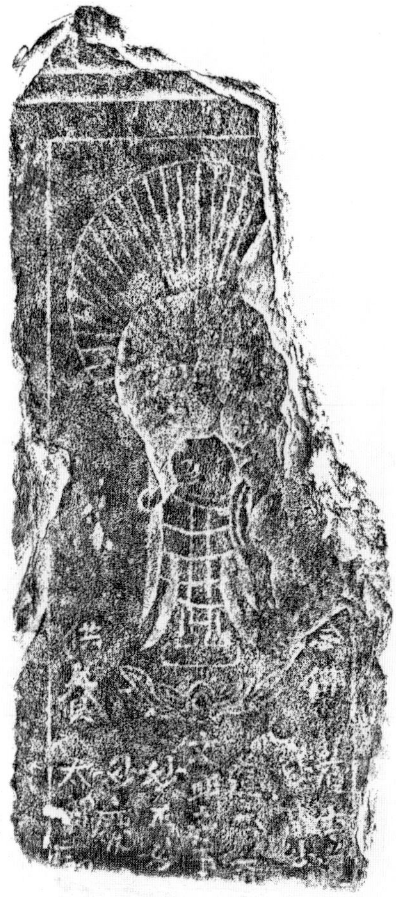

埼 90　吉見町大串・観音寺

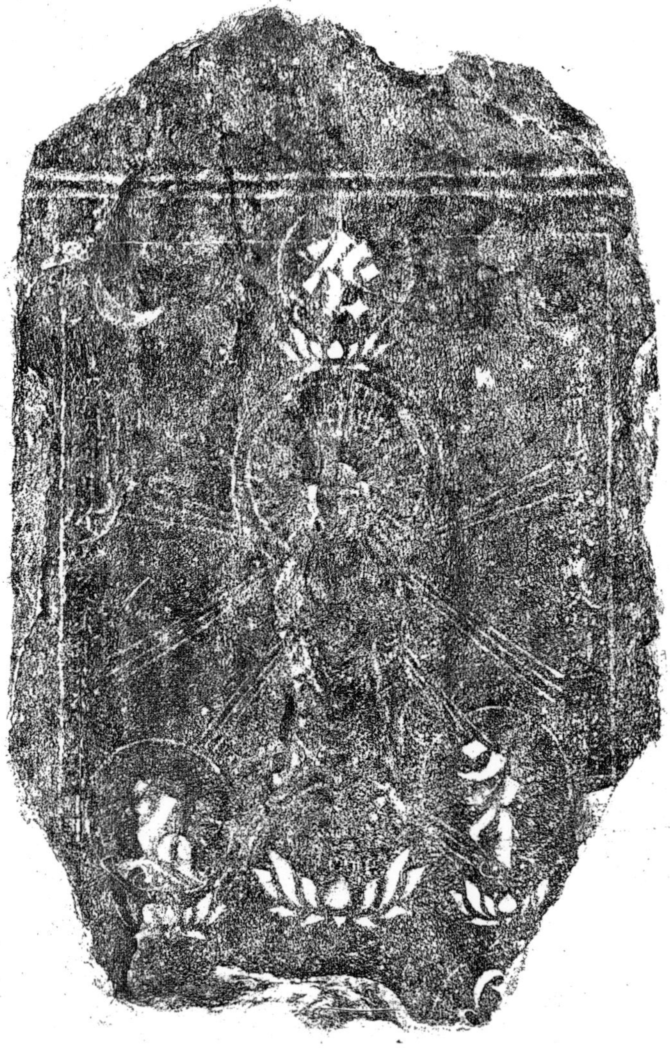

埼 93　吉見町南吉見・長源寺・2

埼 92　吉見町南吉見・長源寺・1

埼 96　吉見町北吉見・龍性院墓地

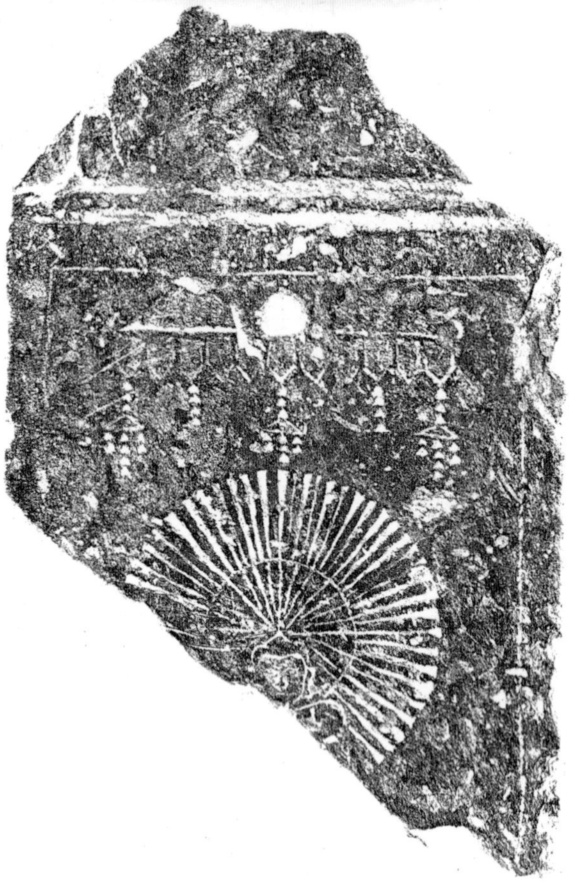

埼 94　吉見町南吉見・関根家

埼 97　吉見町上銀谷・薬師寺

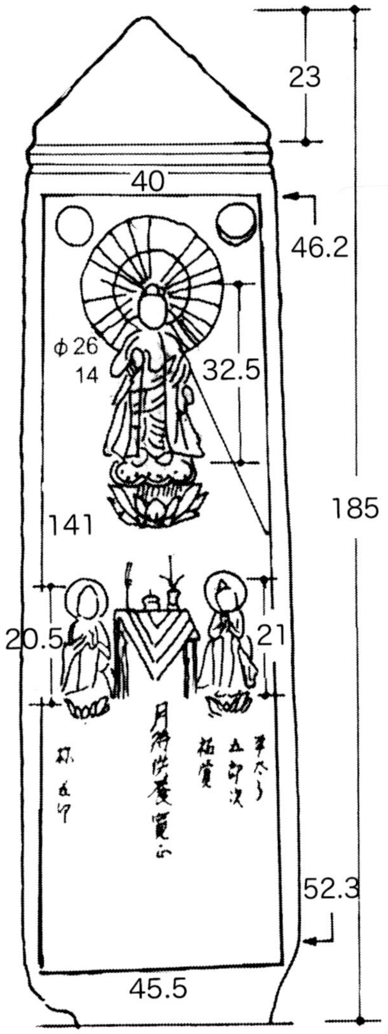

埼95　吉見町中新井・薬王寺
（縮尺1/10）

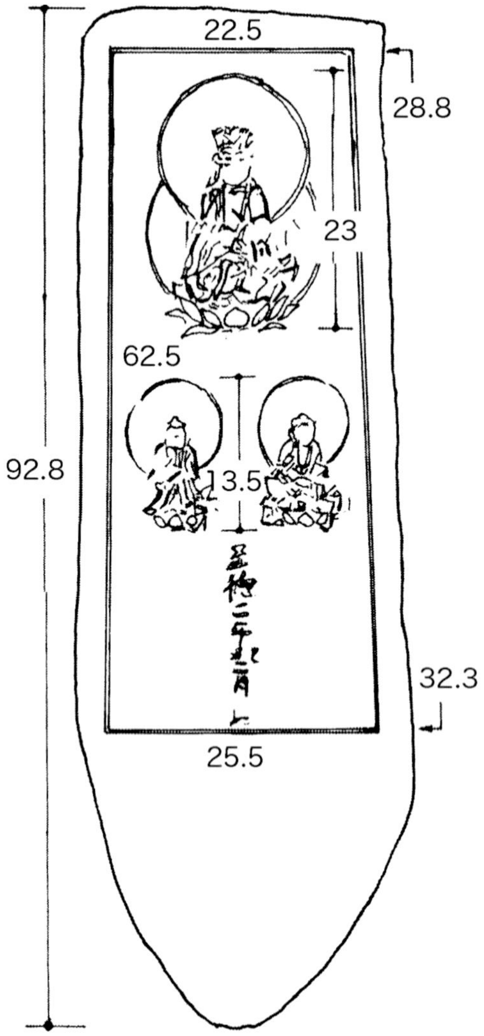

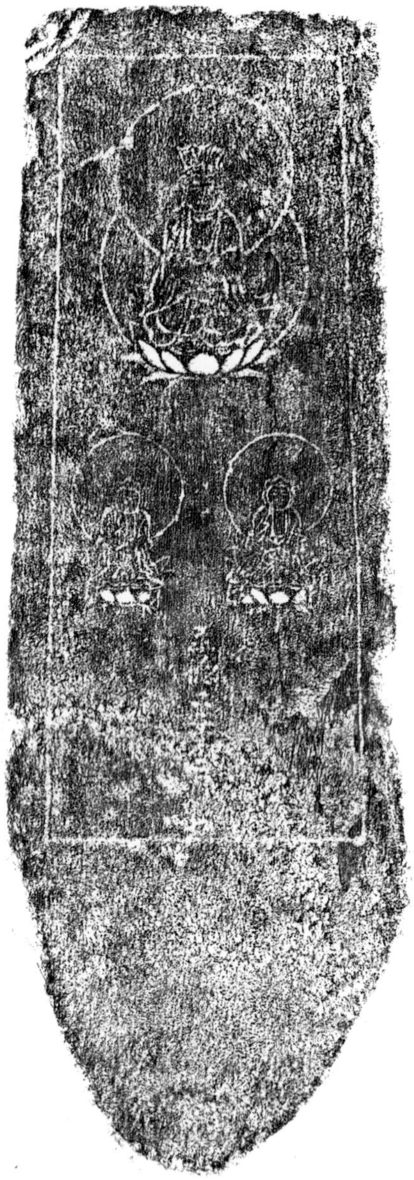

埼 98　秩父市野坂町・野坂寺

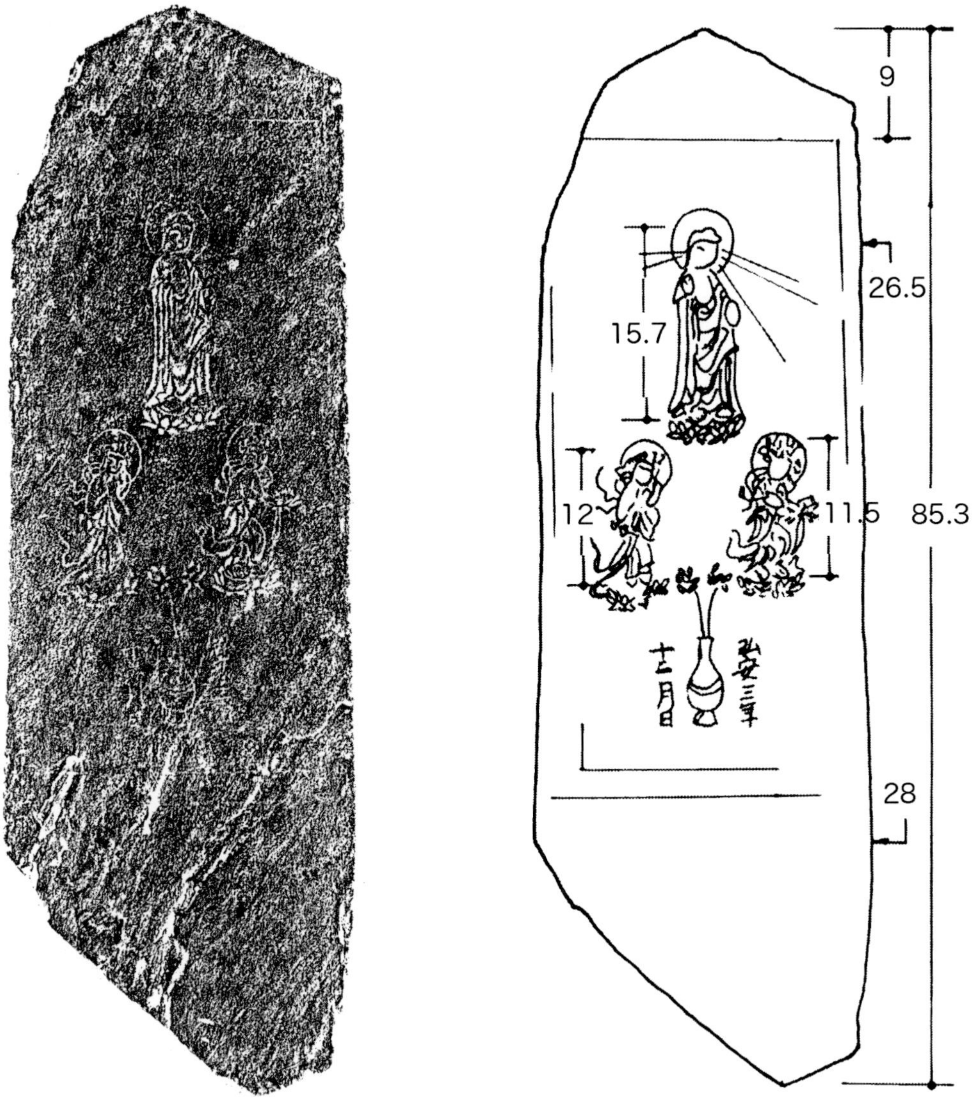

埼 101　本庄市児玉町児玉・玉蔵寺

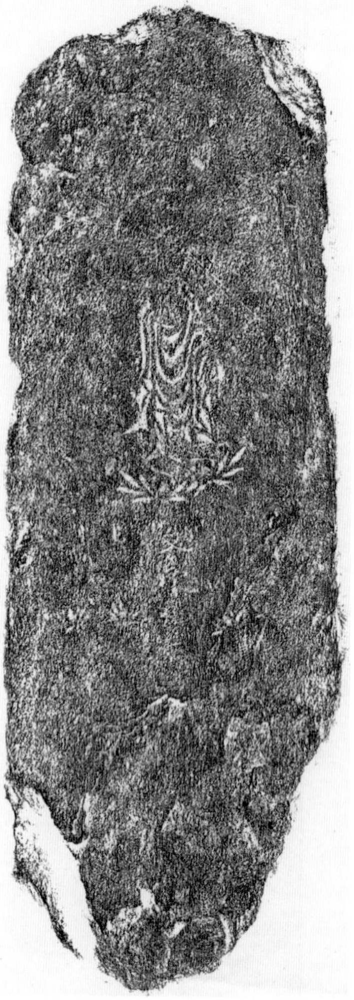

埼 99　美里町木部・深沢家

埼 100　美里町白石・宗清寺

埼 105　神川町新里・須藤家

埼 110　熊谷市上川上・一乗院墓地

埼 102　本庄市児玉町保木野・鈴木家
〈坂田二三夫氏提供〉

埼 103　本庄市児玉町太駄・正覚寺

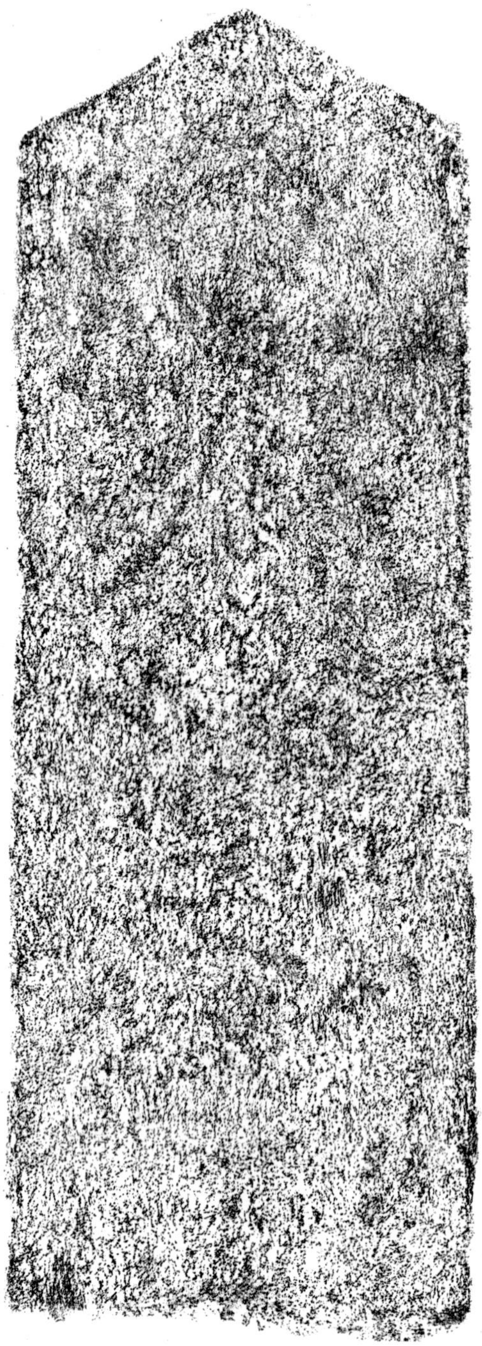

埼 104　本庄市児玉町河内・木村家

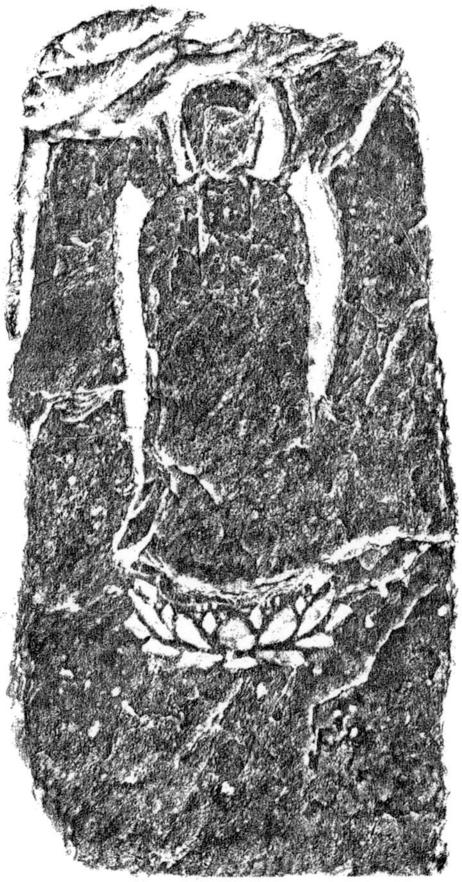

埼 106-2　上里町勅使河原・大光寺（裏）
（縮尺 1/10）

埼 106-1　上里町勅使河原・大光寺（表）
（縮尺 1/10）

埼 114　熊谷市村岡・高雲寺

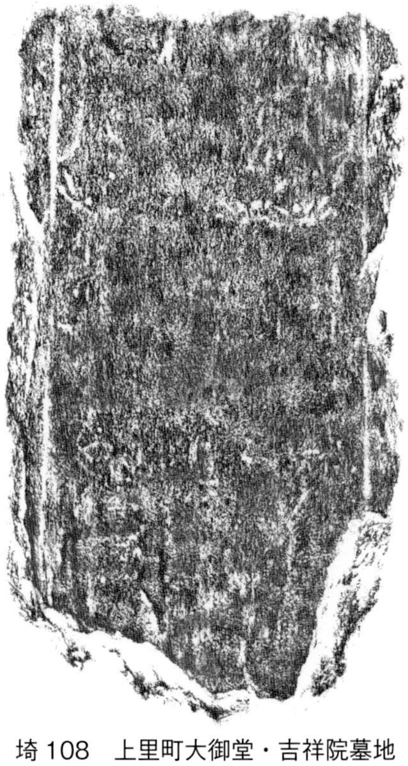

埼 108　上里町大御堂・吉祥院墓地

埼 107　上里町帯刀・菅原神社

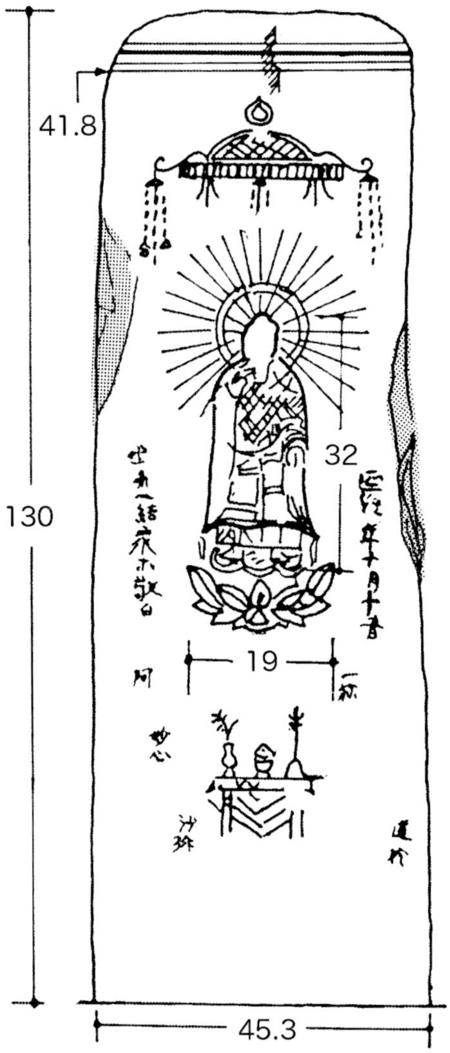

埼109　熊谷市上之・龍淵寺墓地

埼 111　熊谷市上中条・常光院墓地

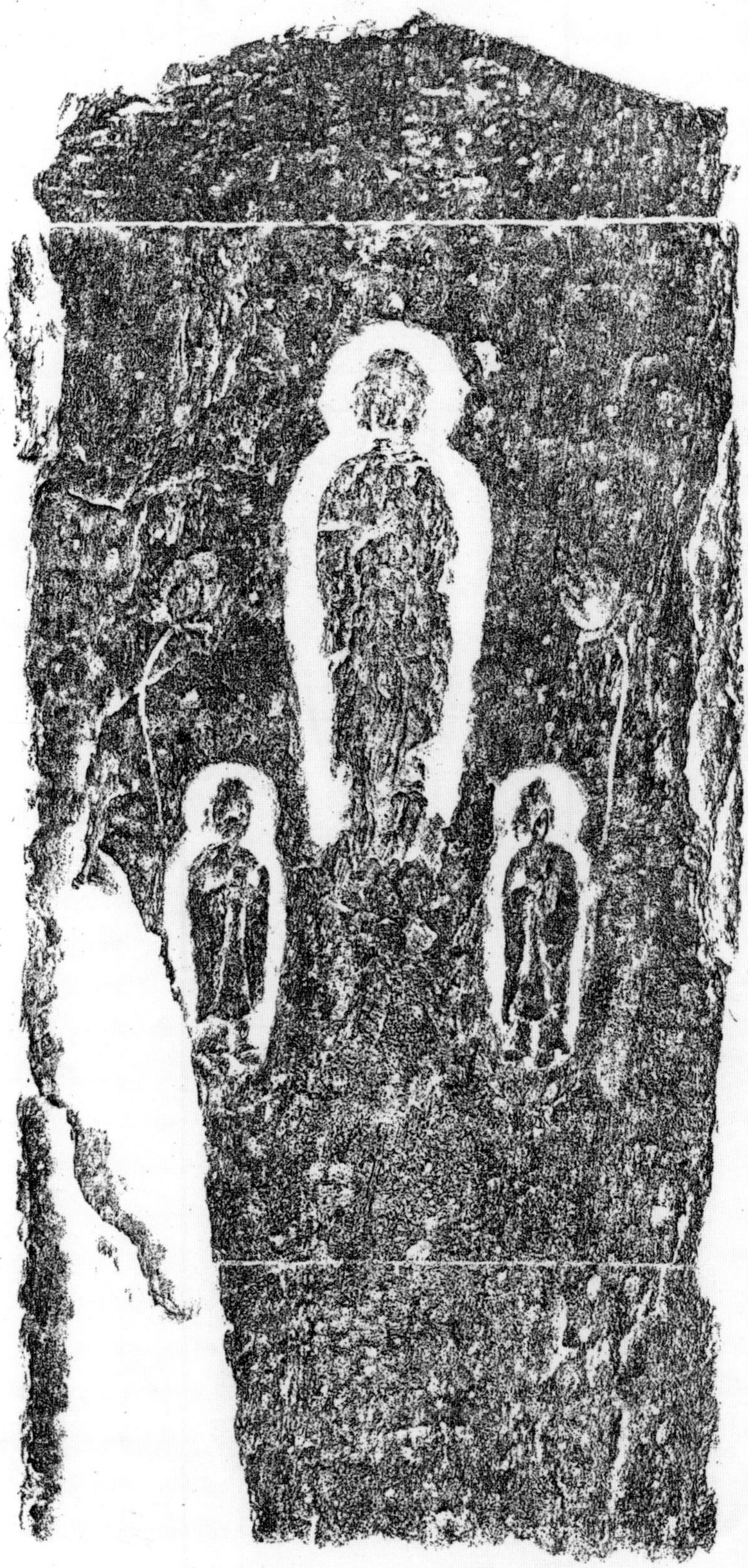

埼 112　熊谷市上中条・実相院墓地

埼 113　熊谷市上中条・観音寺

埼 115　熊谷市四方寺・路傍

埼120　深谷市境・宝泉寺・1

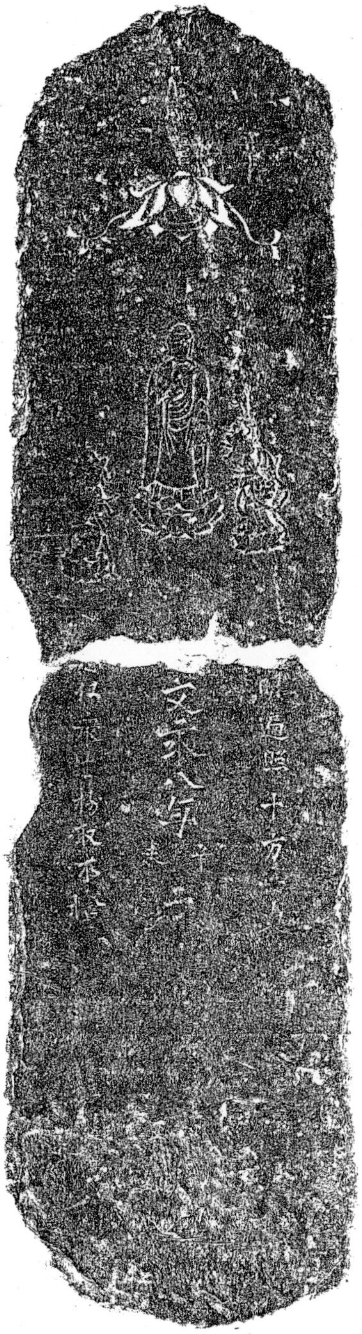

埼 121　深谷市境・宝泉寺・2
（縮尺 1/10）

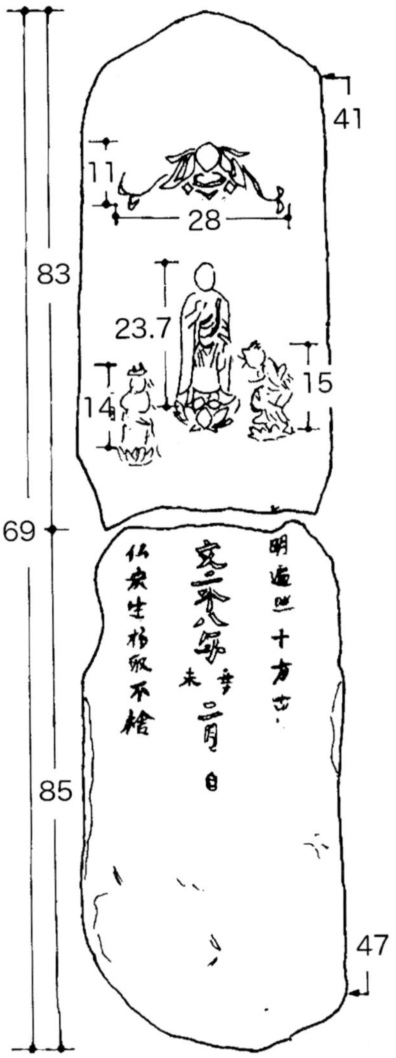

埼 118　熊谷市桜木町・市立図書館・3

埼 117　熊谷市桜木町・市立図書館・2（合成）

埼 116　熊谷市桜木町・
市立図書館・1

埼 122　深谷市東方・全久院

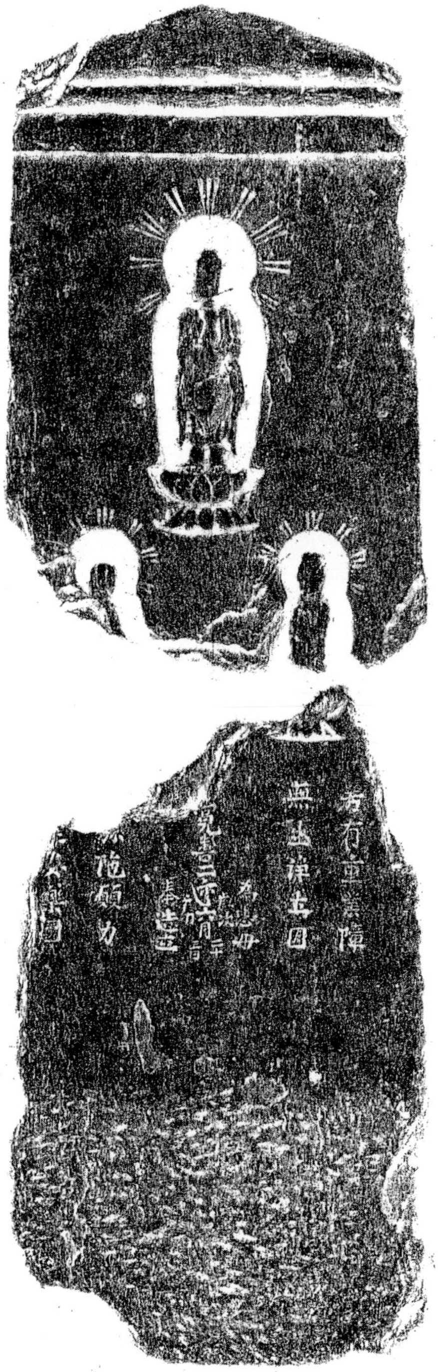

埼 124　熊谷市小江川・江南南小学校旧在
（縮尺 1/10）〈坂田二三夫氏提供〉

復原板碑拓影〈嘉津山清氏提供〉

嘉禄板碑拓影〈坂田二三夫氏提供〉

埼 123　熊谷市須賀広・大沼公園（縮尺 1/10）

埼 125　熊谷市（旧江南町・教育委員会倉庫）

埼 119　深谷市人見・一乗寺

埼 129　熊谷市弥藤吾・堀口家

埼 126-1　熊谷市妻沼・歓喜院（表）
（縮尺 1/10）

埼 126-2　歓喜院（裏）（縮尺 1/10）

埼127　熊谷市妻沼・玉洞院・1

埼128　熊谷市妻沼・玉洞院・2

埼 131　熊谷市永井太田・観音堂墓地

埼 136　寄居町風布・釜山神社

埼 130　熊谷市弥藤吾・福寿院

埼 134　深谷市本田・俵薬師
（縮尺 1/10）

埼 133　熊谷市上須戸・正法寺

埼 132　熊谷市永井太田・能護寺

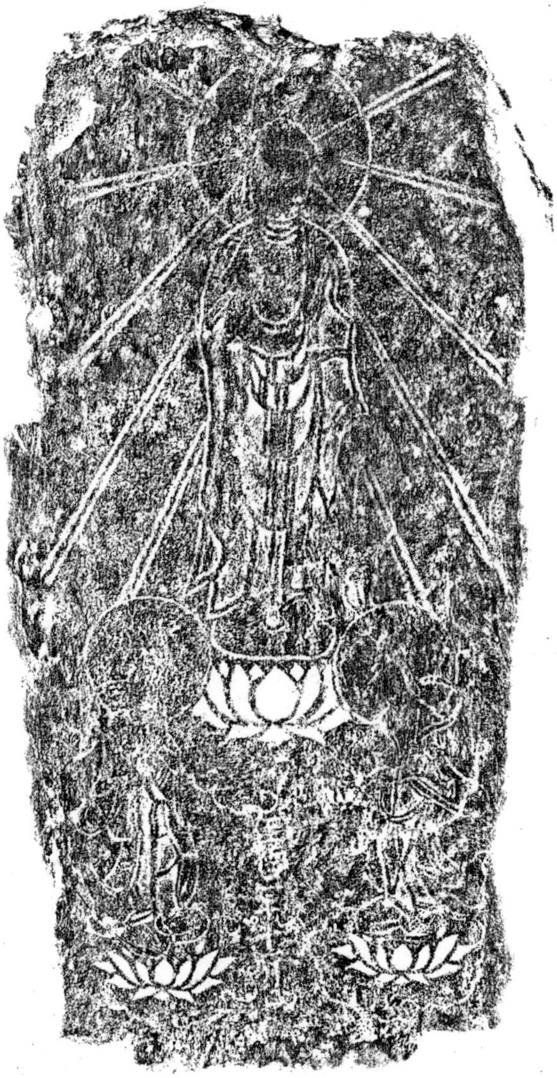

埼 138　行田市桜町・長久寺

埼 135　深谷市畠山・満福寺

埼 137-2　宝泉寺（裏）（縮尺 1/10）

埼 137-1　行田市斎条・宝泉寺（表）
（縮尺 1/10）

埼 150　さいたま市岩槻区本町・
願生寺墓地

埼 139　行田市行田・大長寺・1

埼 149　さいたま市岩槻区馬込・
満蔵寺

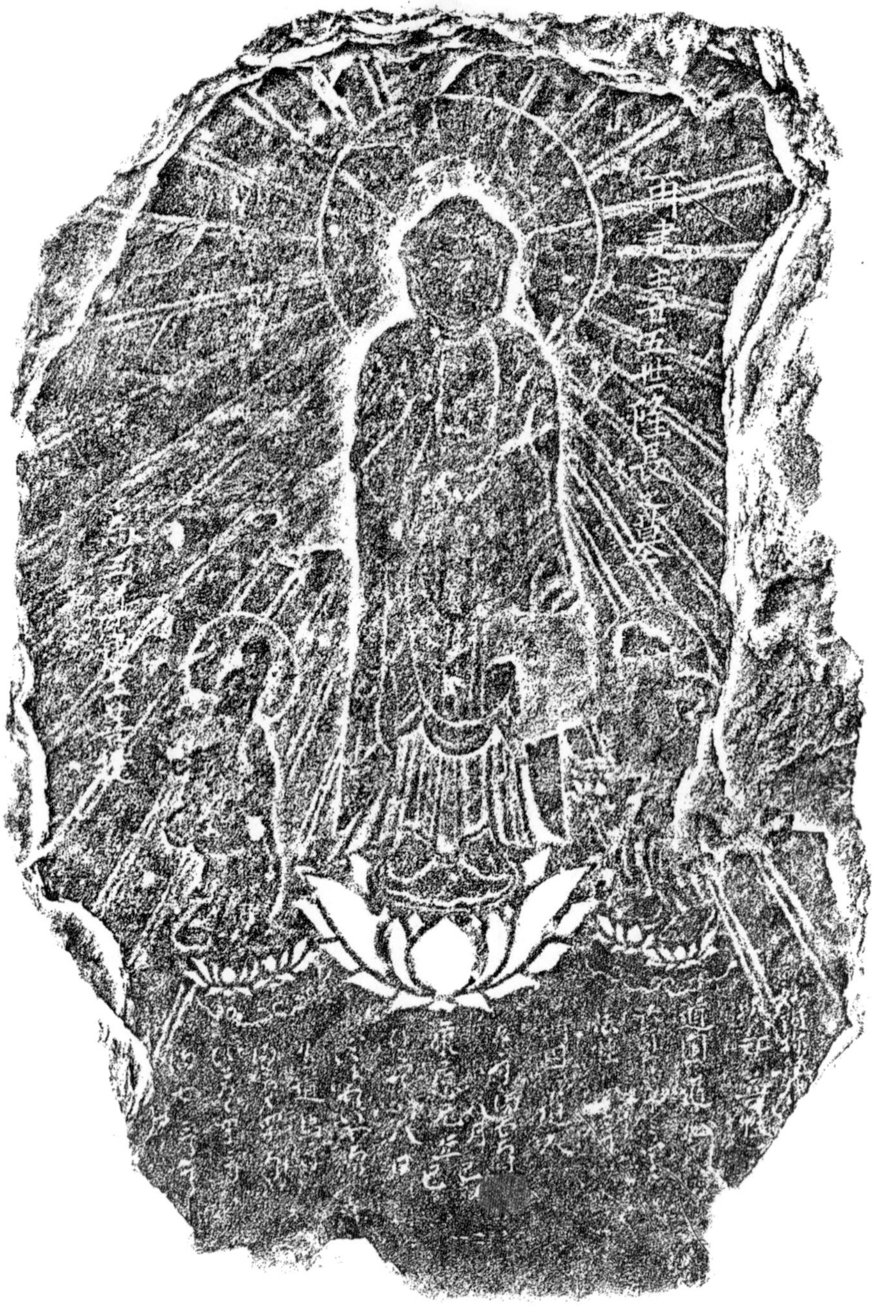

埼 140　行田市行田・大長寺・2

埼 141　行田市埼玉・
盛徳寺（縮尺 1/10）

埼 144　羽生市小須賀・薬師寺

埼 142　羽生市上新郷・法性寺

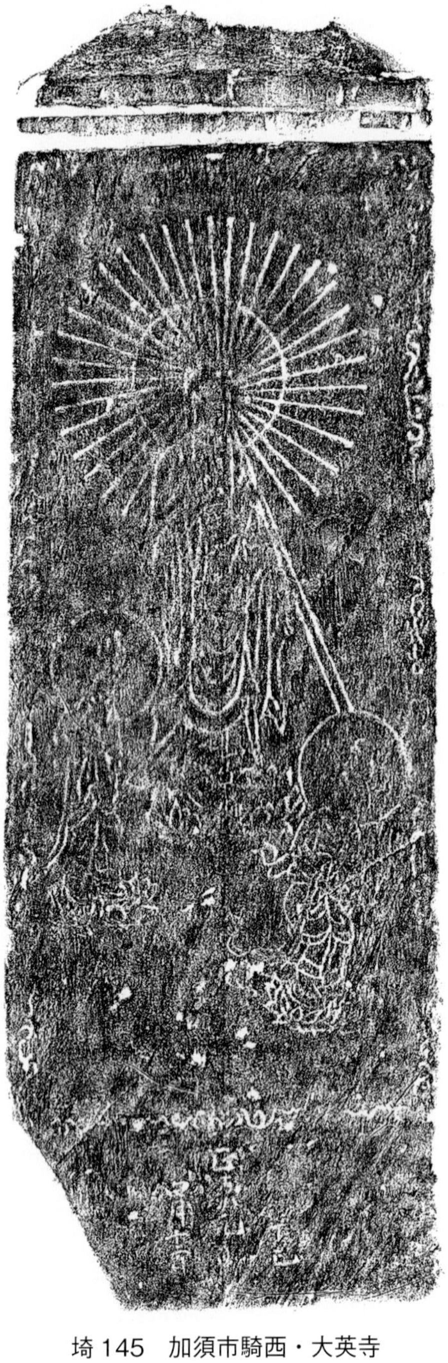

埼 145　加須市騎西・大英寺

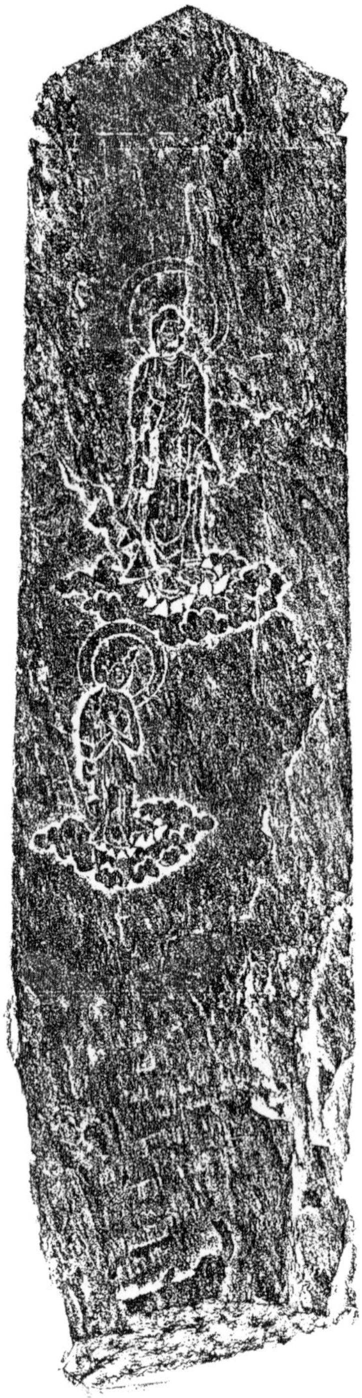

埼 143　羽生市下新郷・鈴木家

埼 146　行田市南河原・観福寺・1（縮尺 1/10）

埼 147　行田市南河原・観福寺・2（縮尺 1/10）

埼 151　さいたま市岩槻区本町・岩槻郷土資料館
（遍照院墓地旧在）

埼 148　行田市南河原・松本家

埼 152　越谷市大成町・仲立墓地

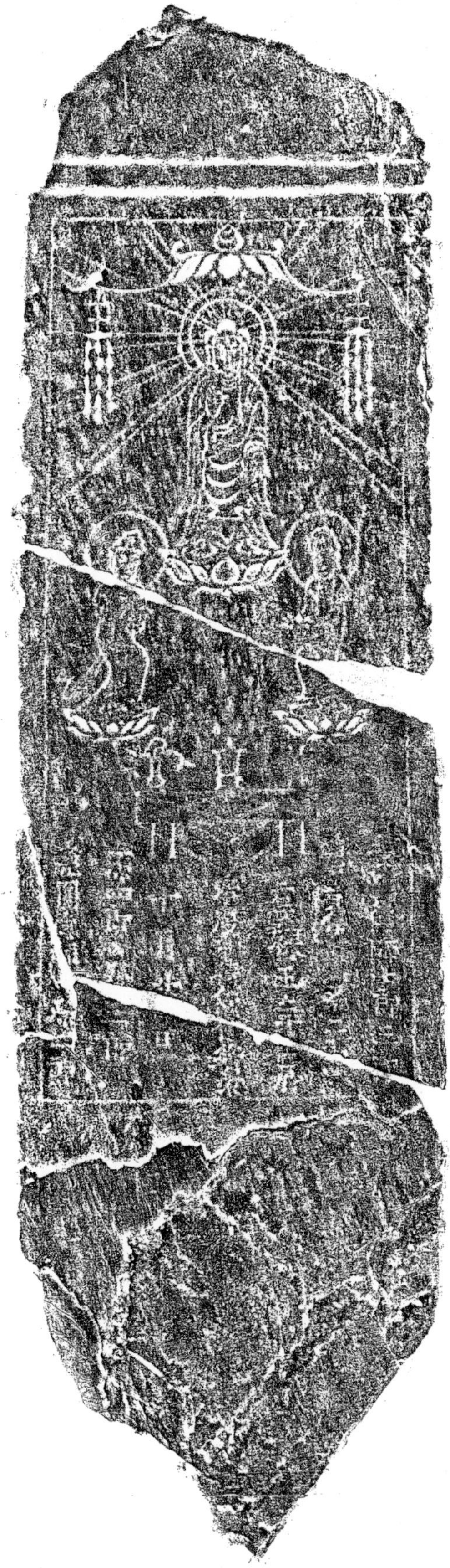

埼 153　八潮市二丁目・恩田家

埼155　三郷市彦江・鈴木家

埼156　三郷市彦倉・
郷土資料館・1

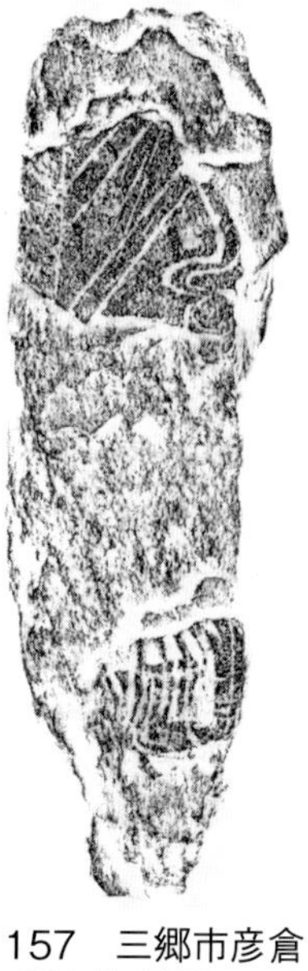

埼157　三郷市彦倉・
郷土資料館・2

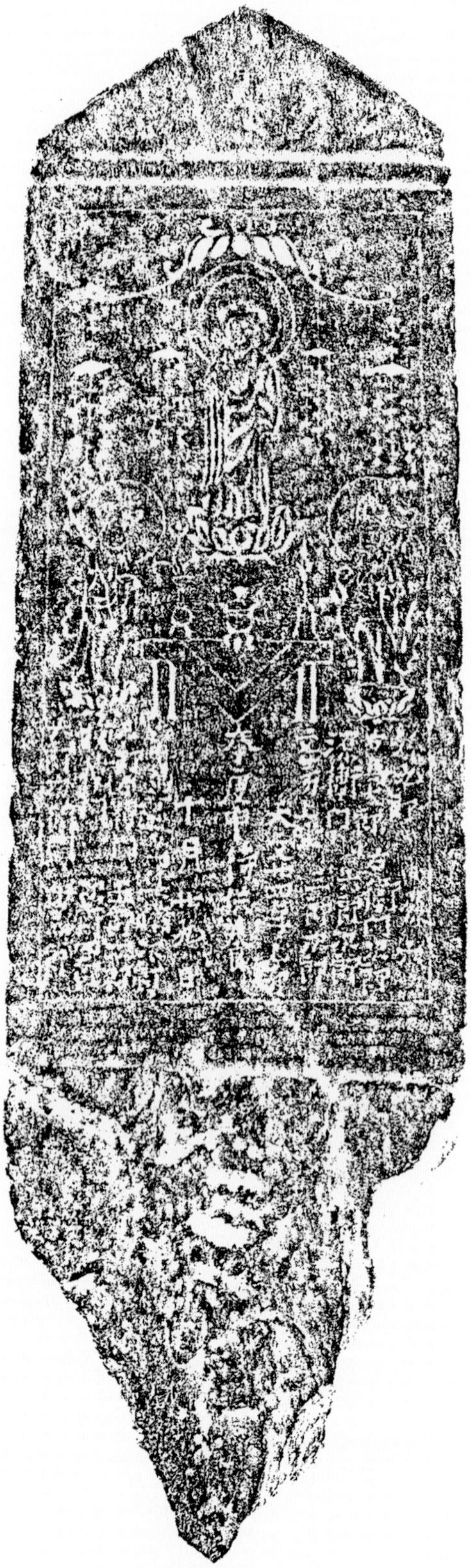

埼154　八潮市南後谷・八潮市立資料館

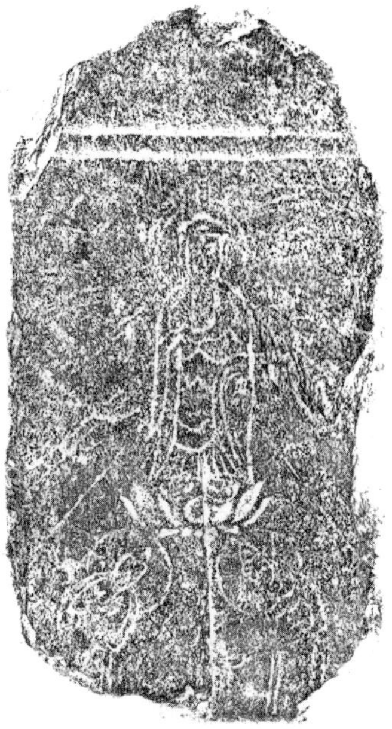

区1　江戸川区松島・江戸川区立資料室・1

区2　江戸川区松島・江戸川区立資料室・2

区5　葛飾区白鳥・郷土と天文の博物館・1

区6　葛飾区白鳥・葛飾区郷土と天文の博物館・2

区7　葛飾区白鳥・葛飾区郷土と天文の博物館・3

区３　葛飾区東水元・大川家

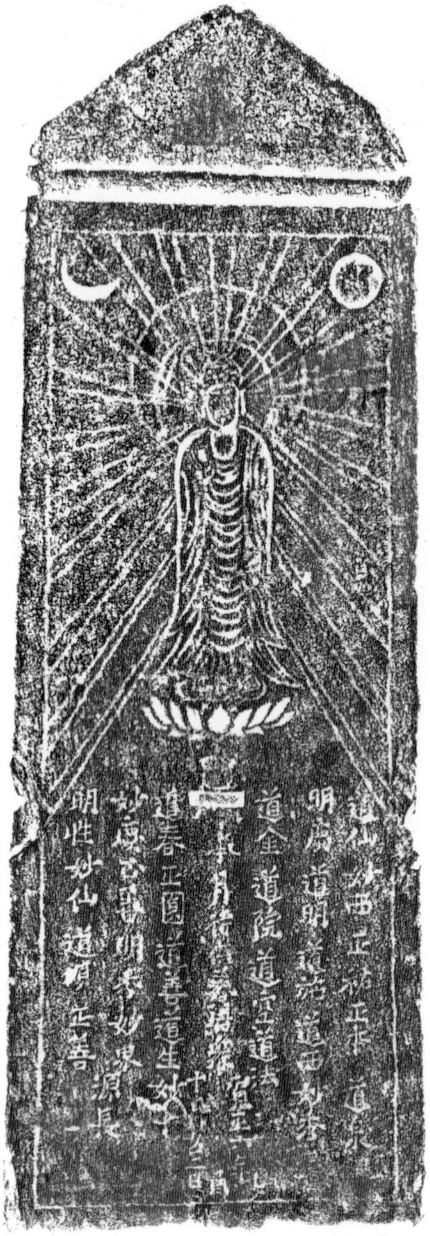

区４　葛飾区東新小岩・橋本家

区10　足立区大谷田・
足立区立郷土博物館

区８　足立区花畑・正覚院（縮尺 1/10）

区９　足立区鹿浜・宝蔵寺

区 11　足立区大谷田・
足立区立郷土博物館

区 12　足立区千住・勝専寺

区 13　荒川区西尾久・地蔵寺

区 14　荒川区荒川・浄正寺

区 15　北区豊島・武藤家（北区郷土資料館）

区 16　北区赤羽・宝幢院

区 19　台東区谷中・永久寺〈縣敏夫氏提供〉

区 17　台東区浅草・浅草寺伝法院
（縮尺 1/10）〈嘉津山清氏提供〉

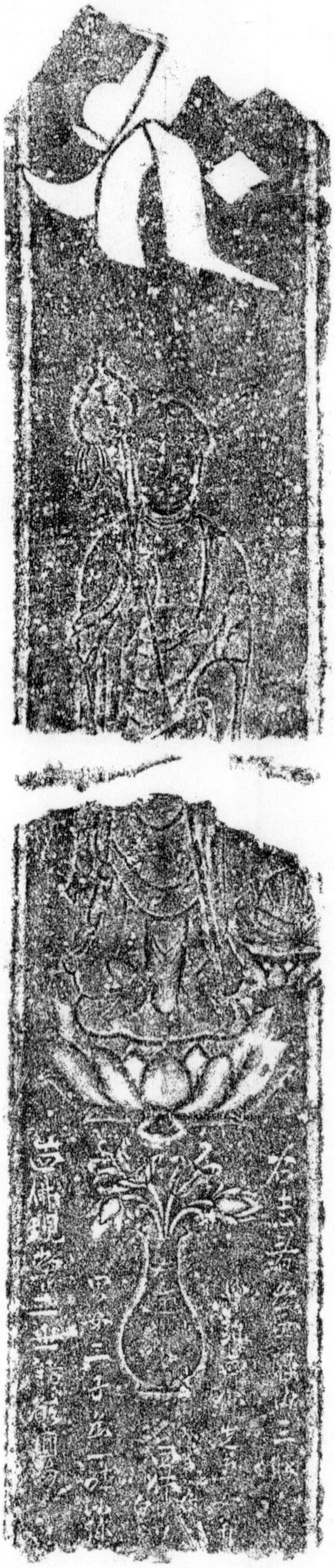

区 18　台東区浅草・浅草寺
（縮尺 1/10）〈縣敏夫氏提供〉

区 28　世田谷区尾山台・伝乗寺

区 25　渋谷区東・白根記念渋谷区郷土博物館

区 20　中野区江古田・歴史民俗博物館・1

区 21　中野区江古田・歴史民俗博物館・2

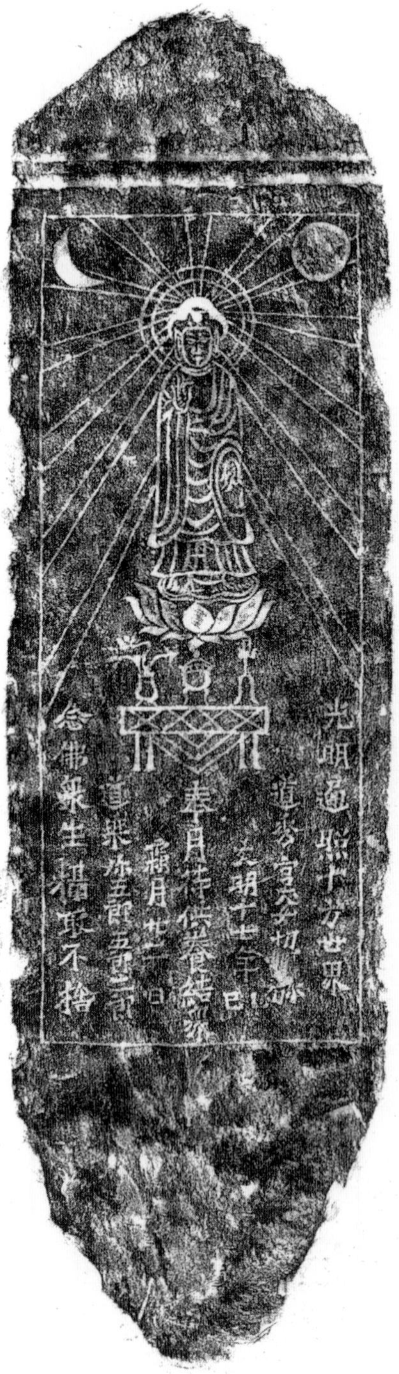

区 22　板橋区西台・円福寺〈縣敏夫氏提供〉

区 23　豊島区長崎・金剛院

区 26　世田谷区赤堤・西福寺

区 24　豊島区巣鴨・高岩寺

区 27　世田谷区深沢・三田家

区 29　杉並区阿佐谷北・世尊院

区 30　練馬区石神井台・三宝寺〈縣敏夫氏提供〉

区 33　大田区山王・旧徳富家・1
（現國學院大學考古学資料館）

区 31　練馬区錦・圓明院・1

区 32-2　練馬区錦・圓明院（上）・2

区 34　大田区山王・旧徳富家・2
（現國學院大學考古学資料館）

区 32-2　練馬区錦・圓明院（下）・2

多１　調布市小島町・調布市郷土博物館

多２　東久留米市下里・石塚家

多３　府中市宮西町・秋元家

（縮尺 1/10）

多４　小金井市桜町・江戸東京たてもの園

多６　国分寺西元町・国分寺

多５　小金井市中町・共同墓地

多８　東村山市諏訪町・塚越家

多９　武蔵村山市中原・真福寺〈縣敏夫氏提供〉

多７　東村山市諏訪町・徳蔵寺〈埼玉県川島町旧在〉

多 11　多摩市貝取・鈴木家

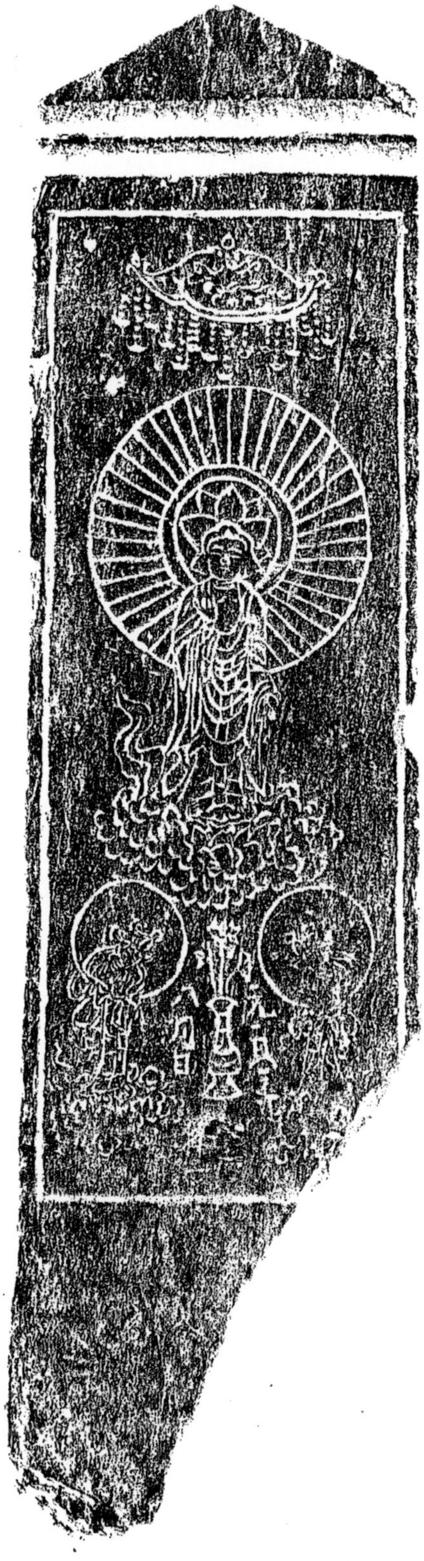

多 10　多摩市関戸・小山家

多 17　日の出町平井・熊野神社

多 12　町田市小野路町・千手院
〈石井真之助氏提供〉

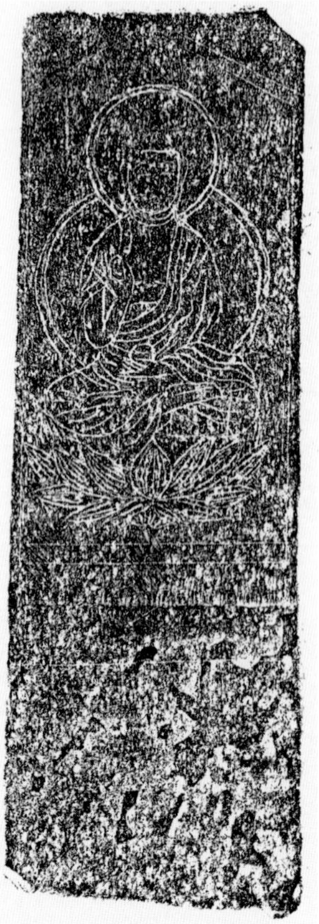

多 14　八王子市日吉町・
小松家・2

多 13　八王子市日吉町・
小松家・1

多15　羽村市羽・羽村市郷土博物館
（縮尺 1/10）〈入間市立博物館蔵拓〉

多16　あきるの市菅生・福泉寺

多 19　青梅市黒沢・聞修院
（縮尺 1/10）

多 18　日の出町平井・阿弥陀堂

多 20　青梅市千ヶ瀬町・
伊藤家

神３　横浜市都筑区牛久保西・天照皇大神

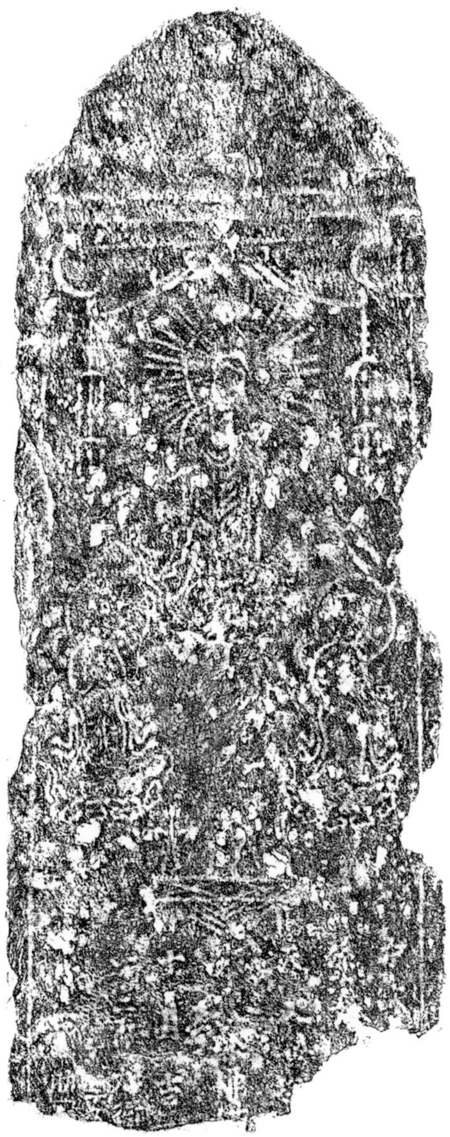

神１　横浜市青葉区みたけ台・祥泉院

神 17　相模原市中央区上溝・
上溝共同墓地

神２　横浜市都筑区荏田東町・
矢羽根不動堂

神12　鎌倉市雪ノ下・大石家〈鎌倉国宝館蔵拓〉

神５　川崎市中原区井田・善教寺

神４　横浜市港南区野庭町・正応寺〈嘉津山清氏提供〉

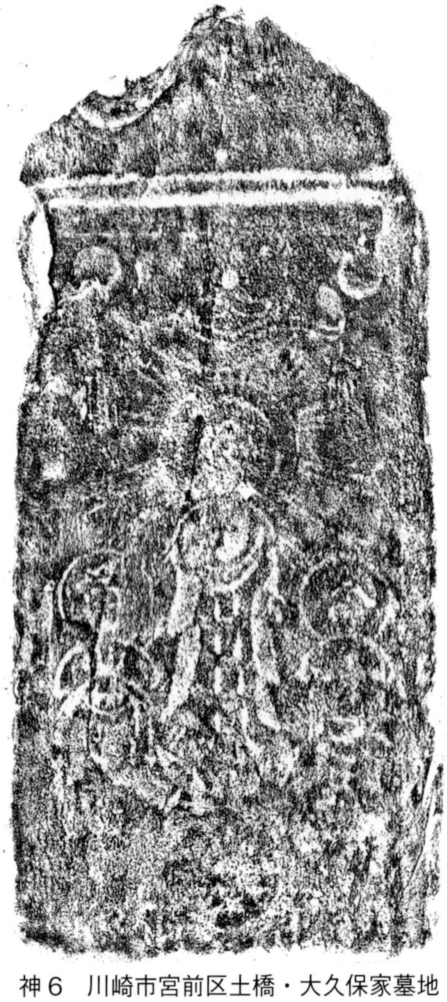

神６　川崎市宮前区土橋・大久保家墓地

神７　川崎市多摩区長尾・妙楽寺

神８　川崎市麻生区高石・法雲寺

神９　川崎市麻生区王禅寺西・松田家

神 13　鎌倉市扇ヶ谷・薬王寺

神 10　鎌倉市扇ガ谷・海蔵寺
〈鎌倉国宝館蔵拓〉

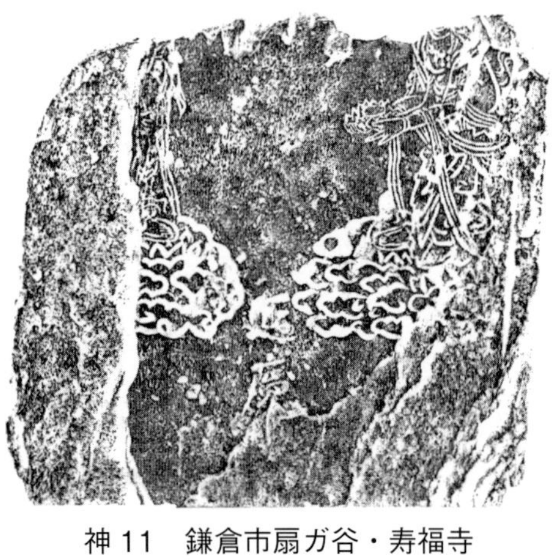

神 11　鎌倉市扇ガ谷・寿福寺
〈鎌倉国宝館蔵拓〉

神 15　相模原市南区上鶴間本町・惣吉稲荷社・1

神 16　同右　惣吉稲荷社・2

神 18　相模原市緑区澤井・
加藤家・1

神 14　相模原市中央区上矢部・阿弥陀堂

神19　相模原市緑区澤井・加藤家・2

神20　同右　加藤家・3

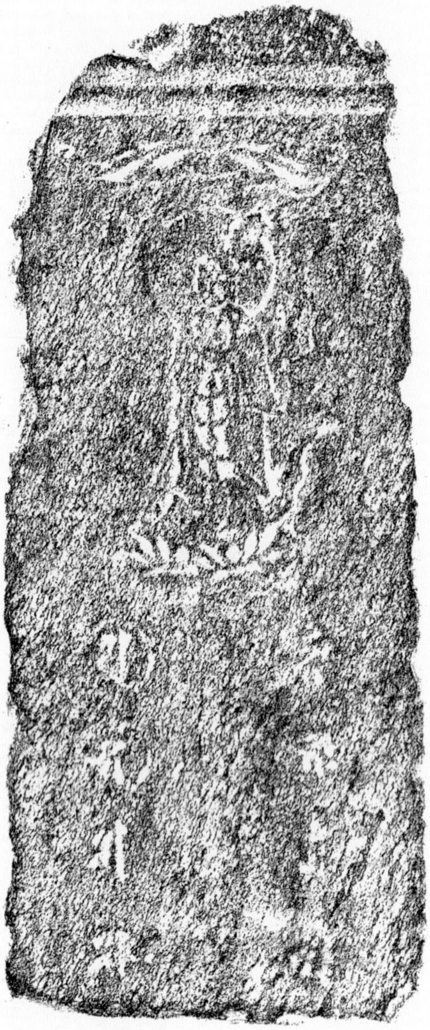

千１　野田市野田・野田市郷土博物館

千２　松戸市千駄堀・松戸市立博物館
〈松戸市博蔵拓〉

千３　松戸市小山・増長院

千４　松戸市紙敷・下総史料館

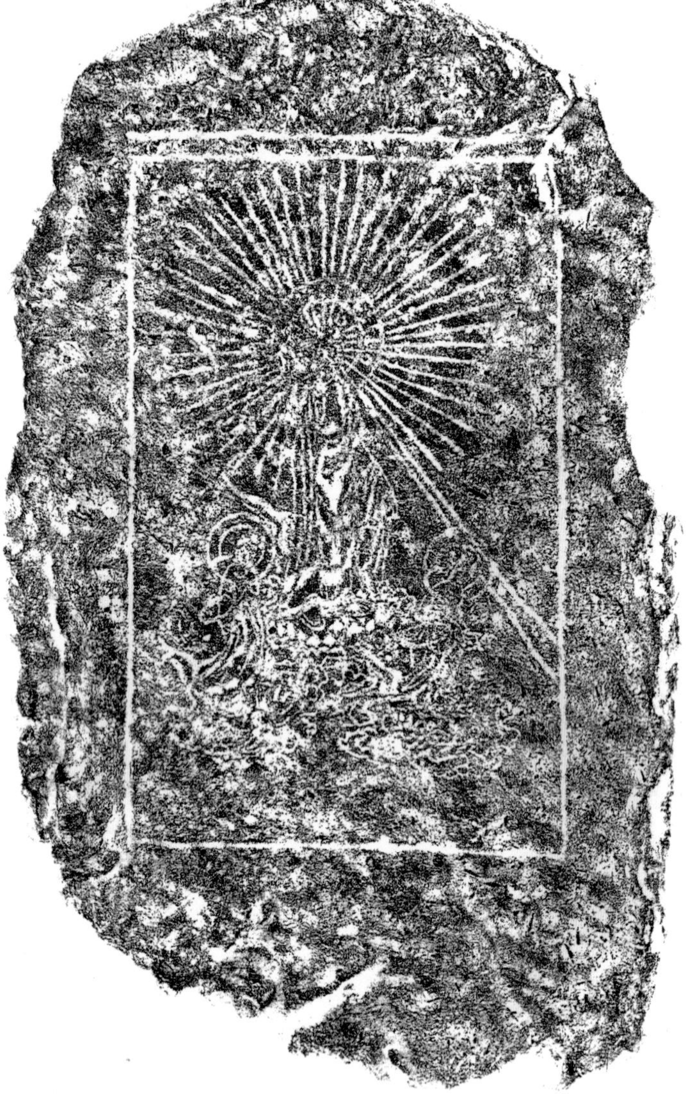

下１　東庄町東今泉・東泉寺

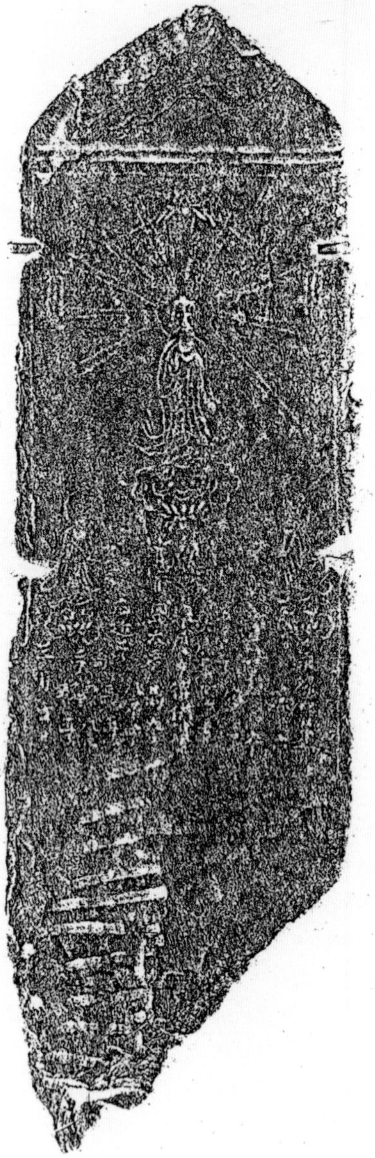

千５　柏市藤ヶ谷・香取神社
（縮尺 1/10）

下２　東庄町新宿・秀蔵院

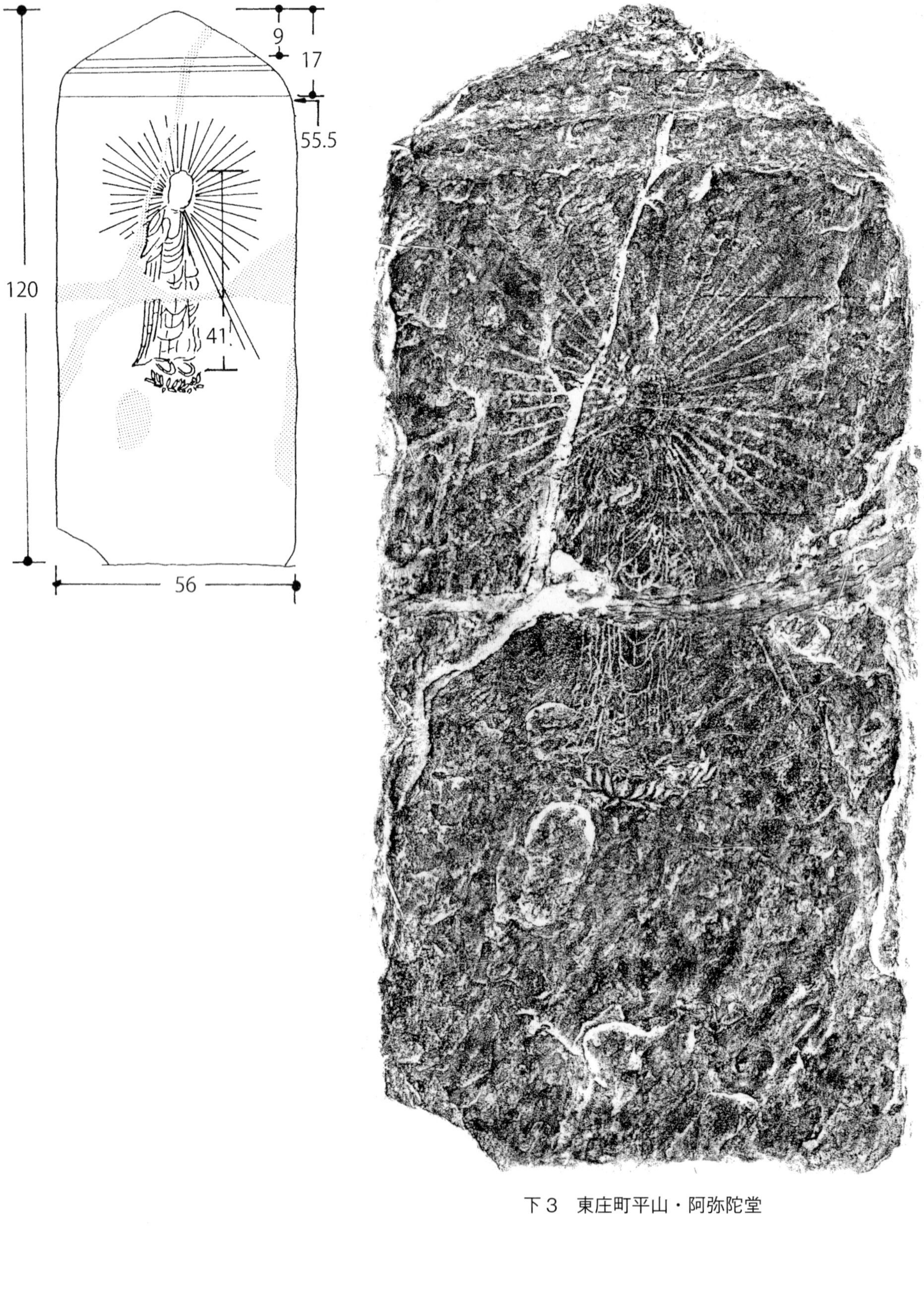

下３　東庄町平山・阿弥陀堂

下５　東庄町大友・観音堂墓地
〈嘉津山清提供〉

下４　東庄町神田・共同墓地

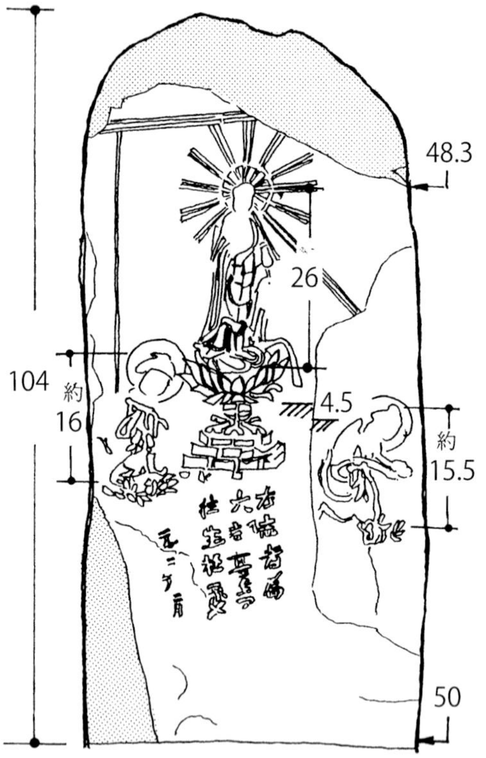

下6　香取市貝塚・来迎寺

下７　香取市阿玉台・福寿院跡

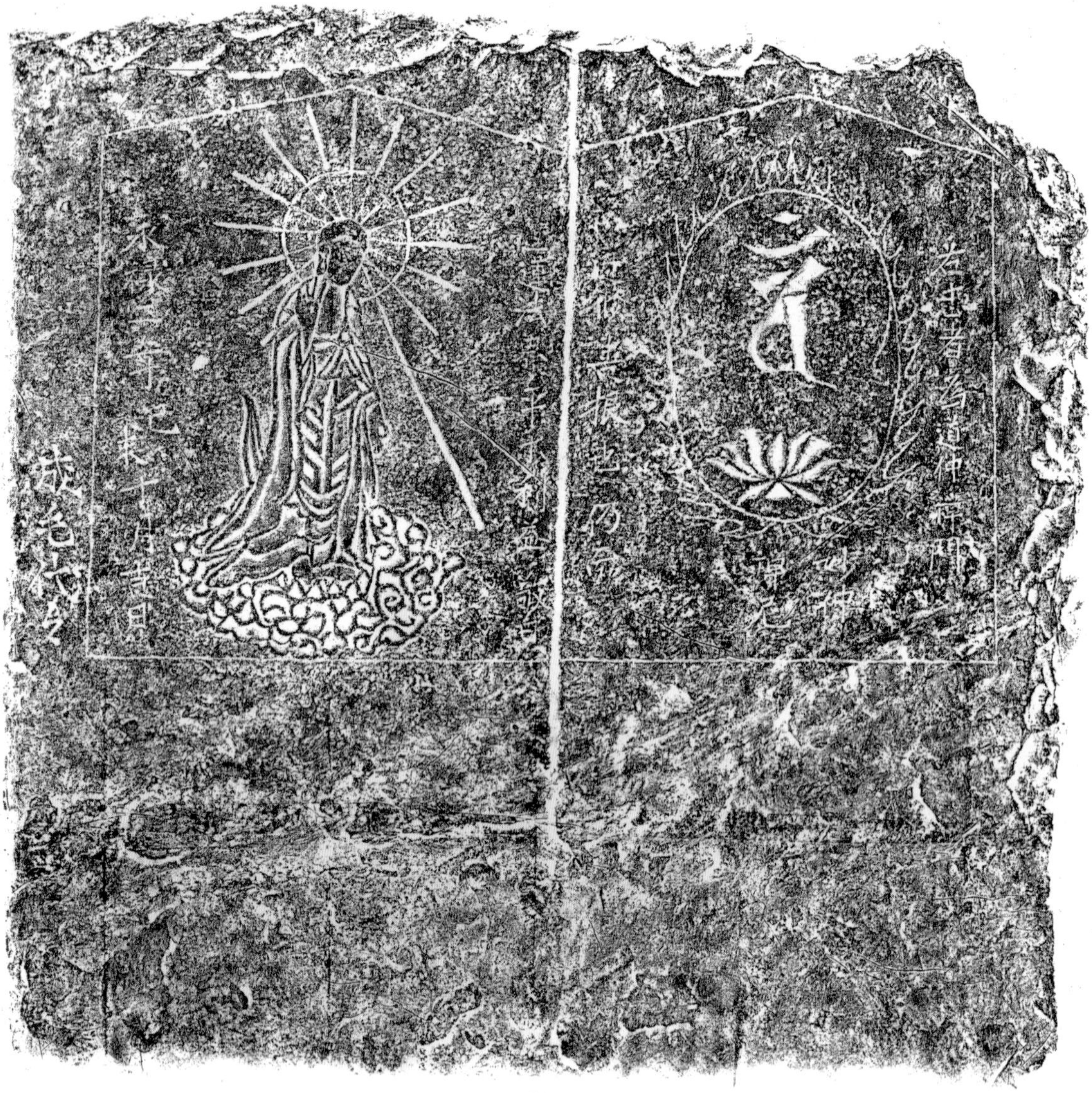

下８　香取市一ノ分目・善雄寺

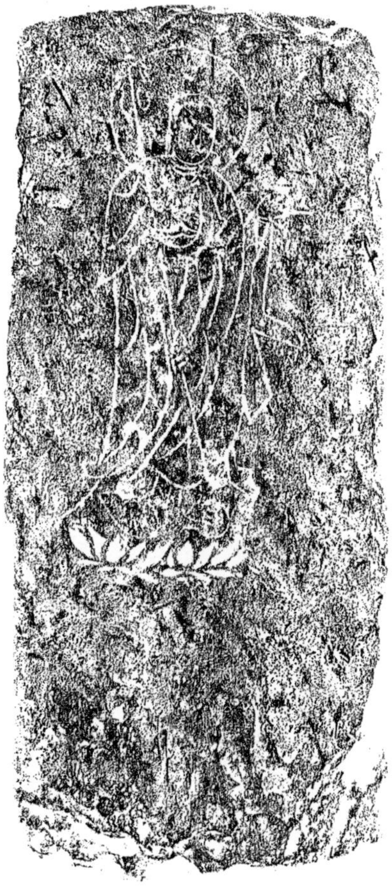

下 12　香取市香取・新福寺

下 9　香取市大倉・清宝院

下 10　香取市多田・分飯司堂跡

下 11　香取市佐原ハ・大利根博物館

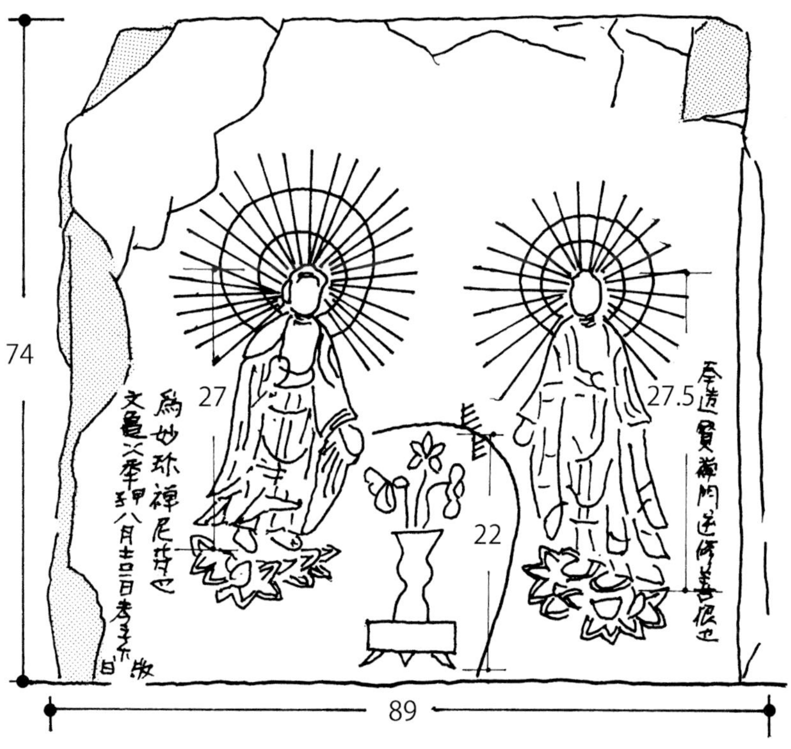

下 13　香取市香取・惣持院跡

下 14　香取市津宮・正法院跡

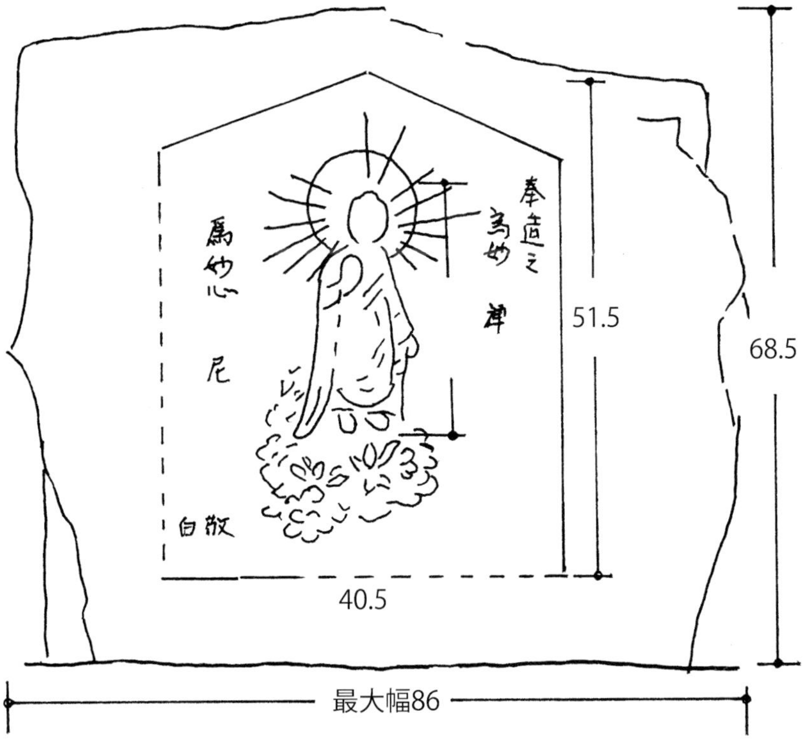

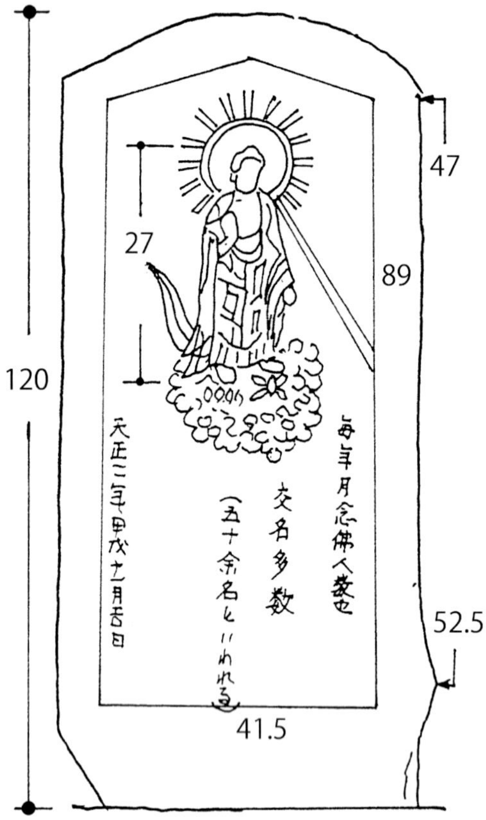

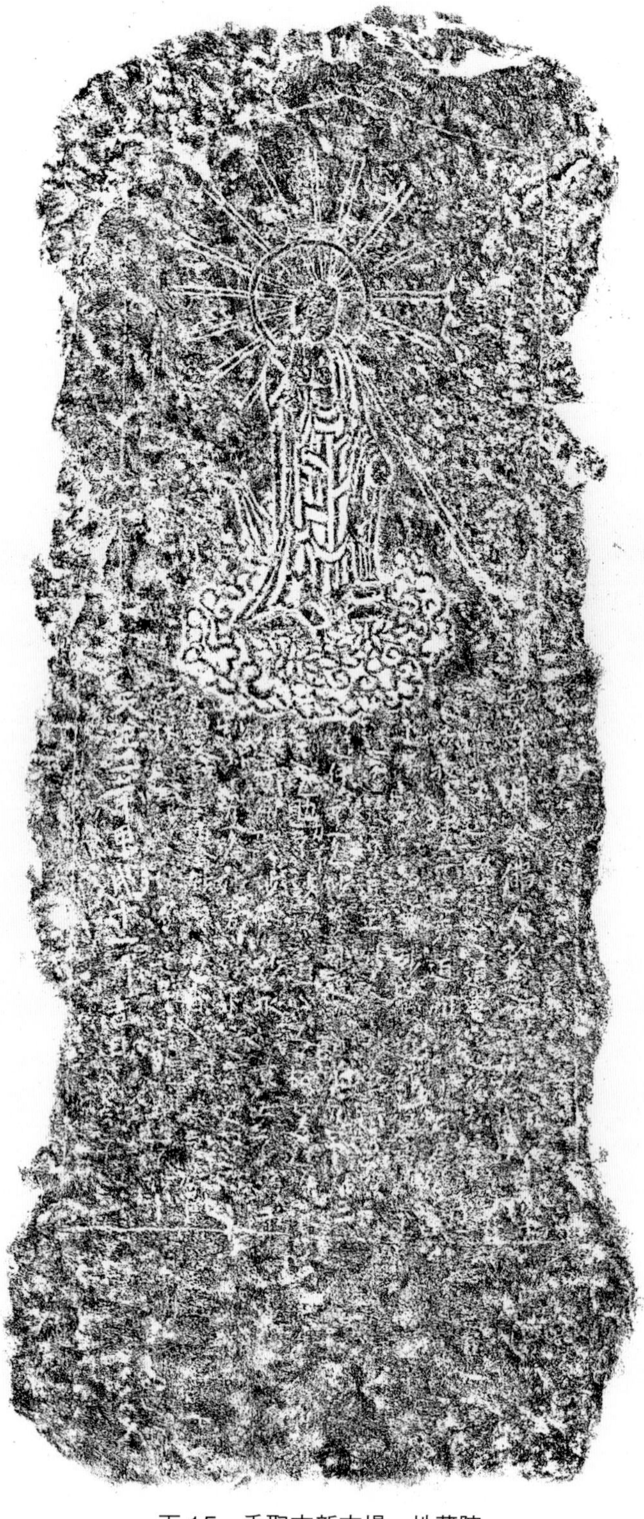

下 15　香取市新市場・地蔵院

下16　香取市大根・西蔵院（縮尺1/10）

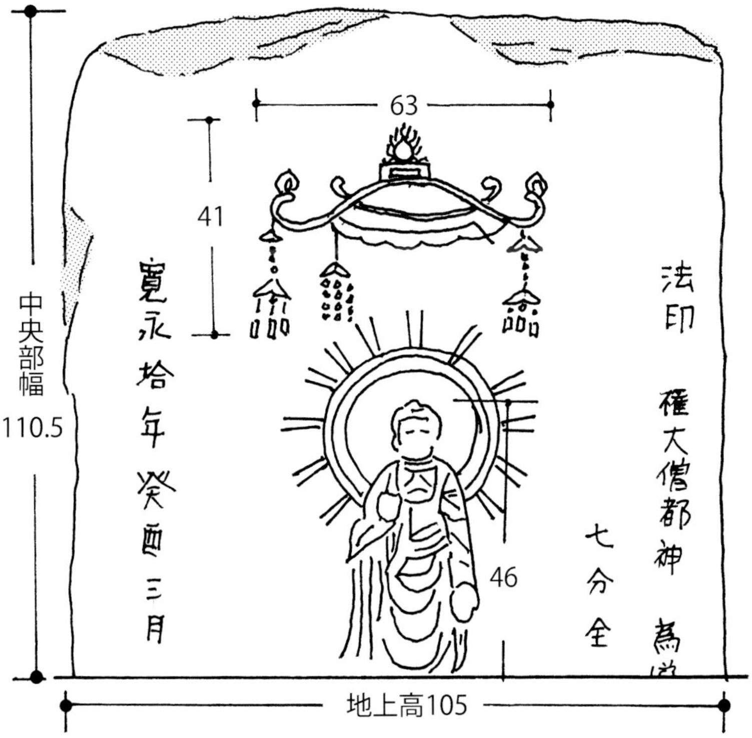

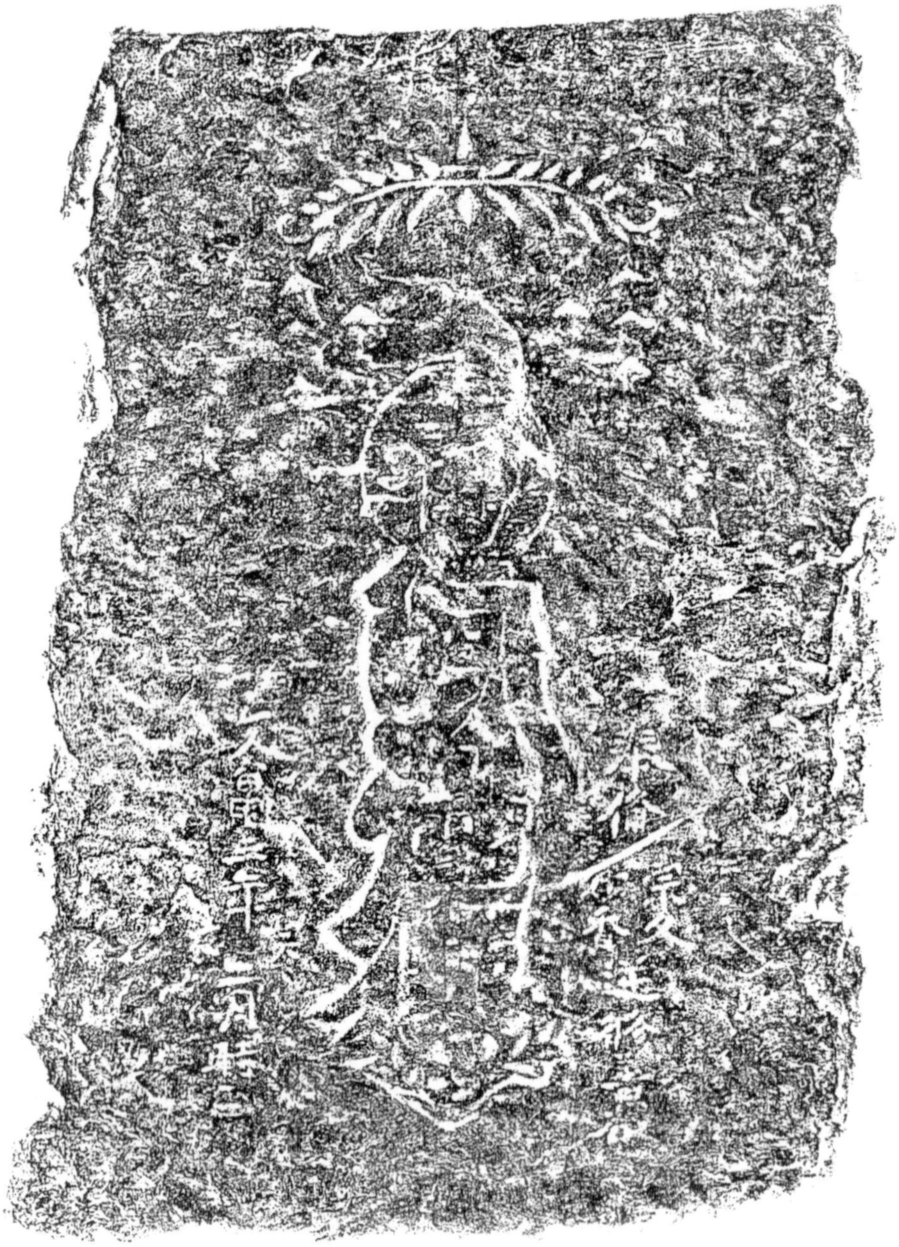

下 17　香取市大崎・大六天神社

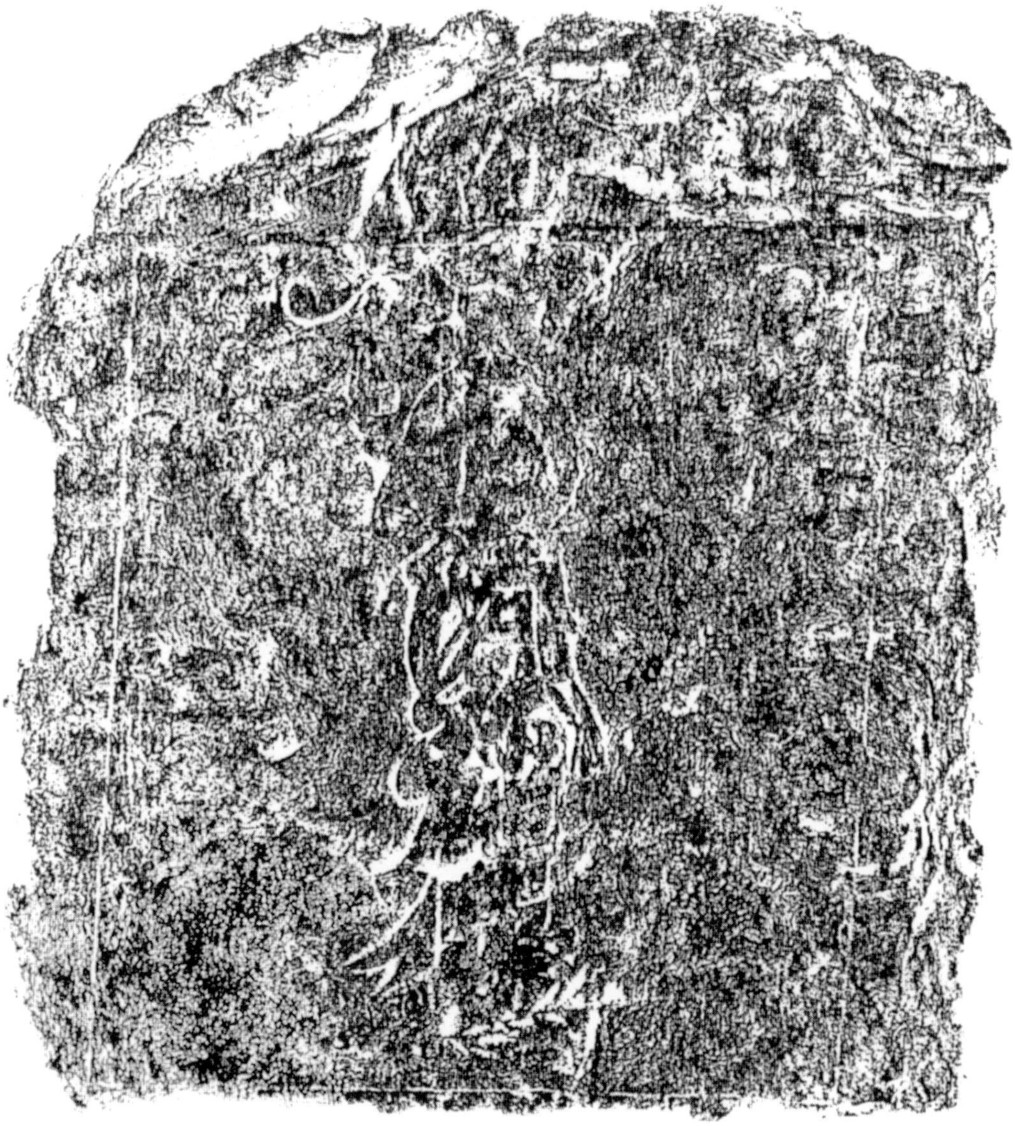

下 18　香取市与倉・大龍寺・1

下19　香取市与倉・大龍寺・2

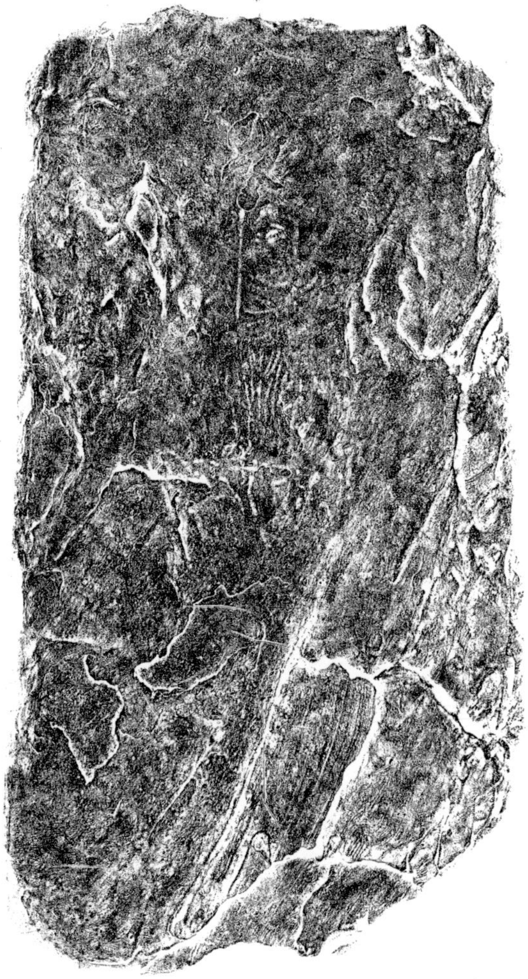

下 20　香取市与倉・大龍寺・3（縮尺 1/10）

下 21　香取市新寺・新寺墓地

下 22　香取市森戸・大法寺

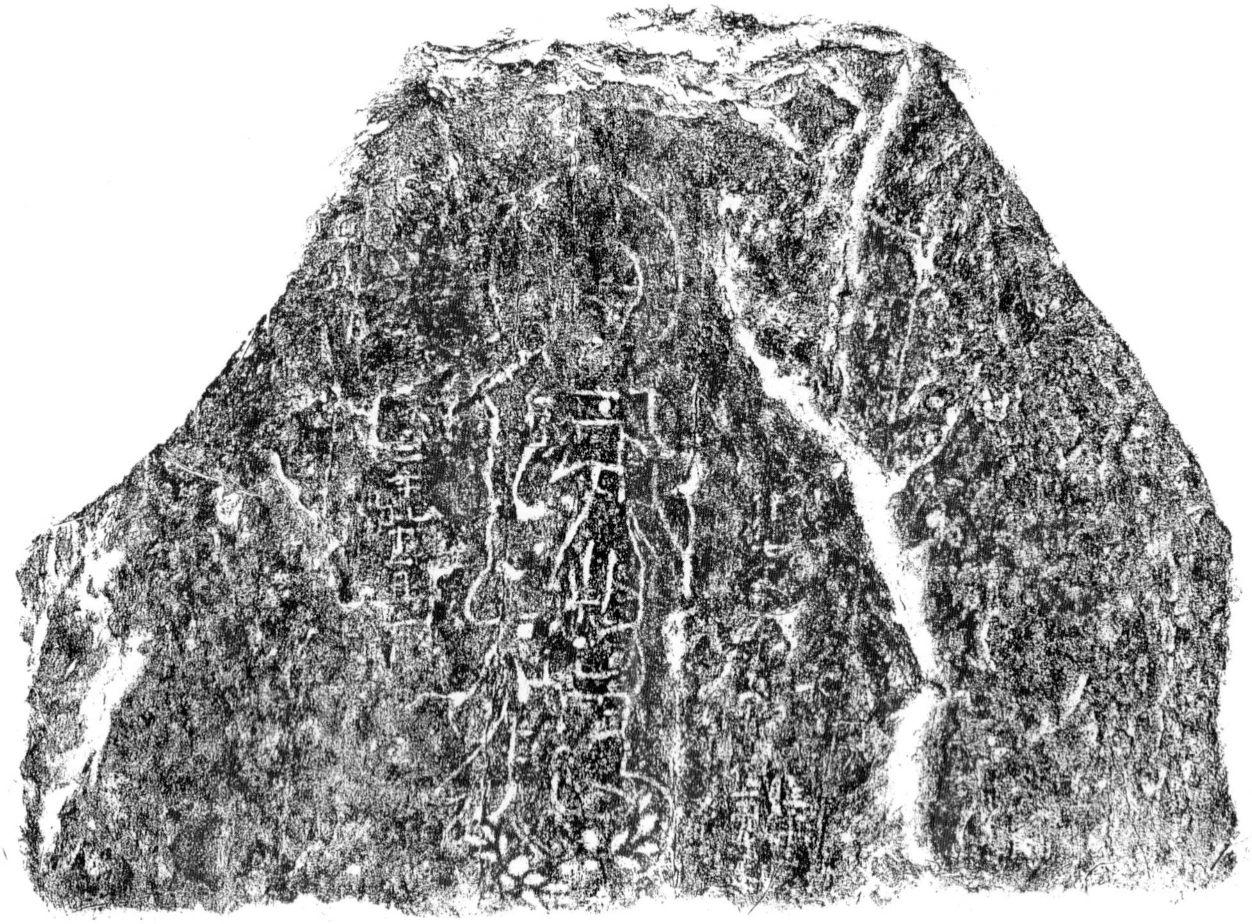

下 23　香取市大戸川・浄土寺・1

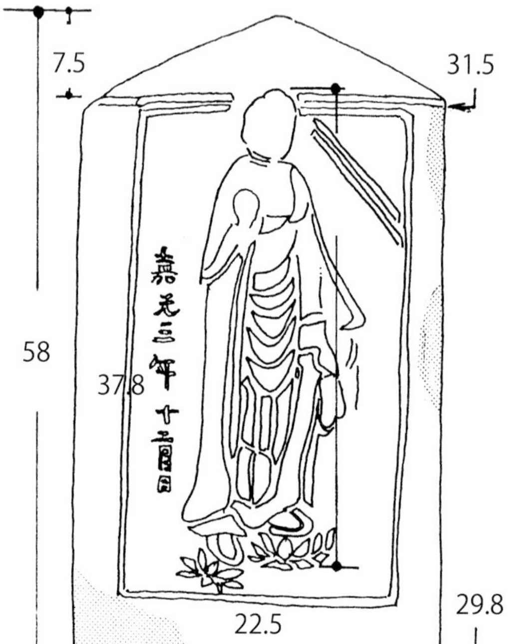

下 31　香取市田部・馬頭観音堂

下 24　香取市大戸川・浄土寺・2

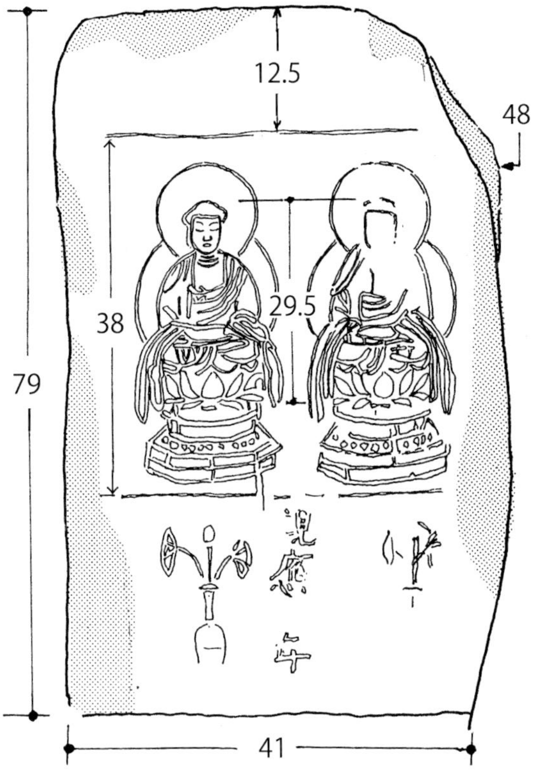

下25　香取市大戸川・宝聚院

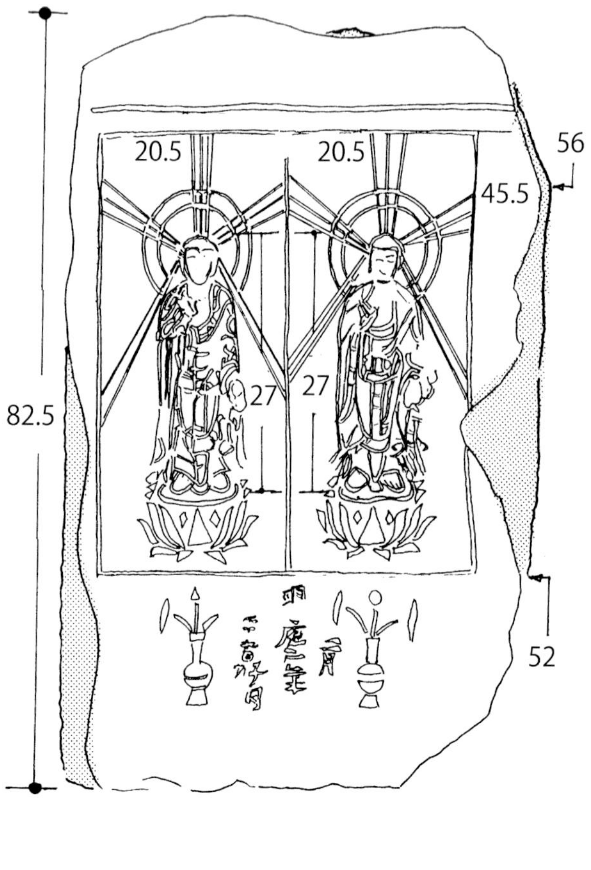

下 26　香取市大戸・オノ神社

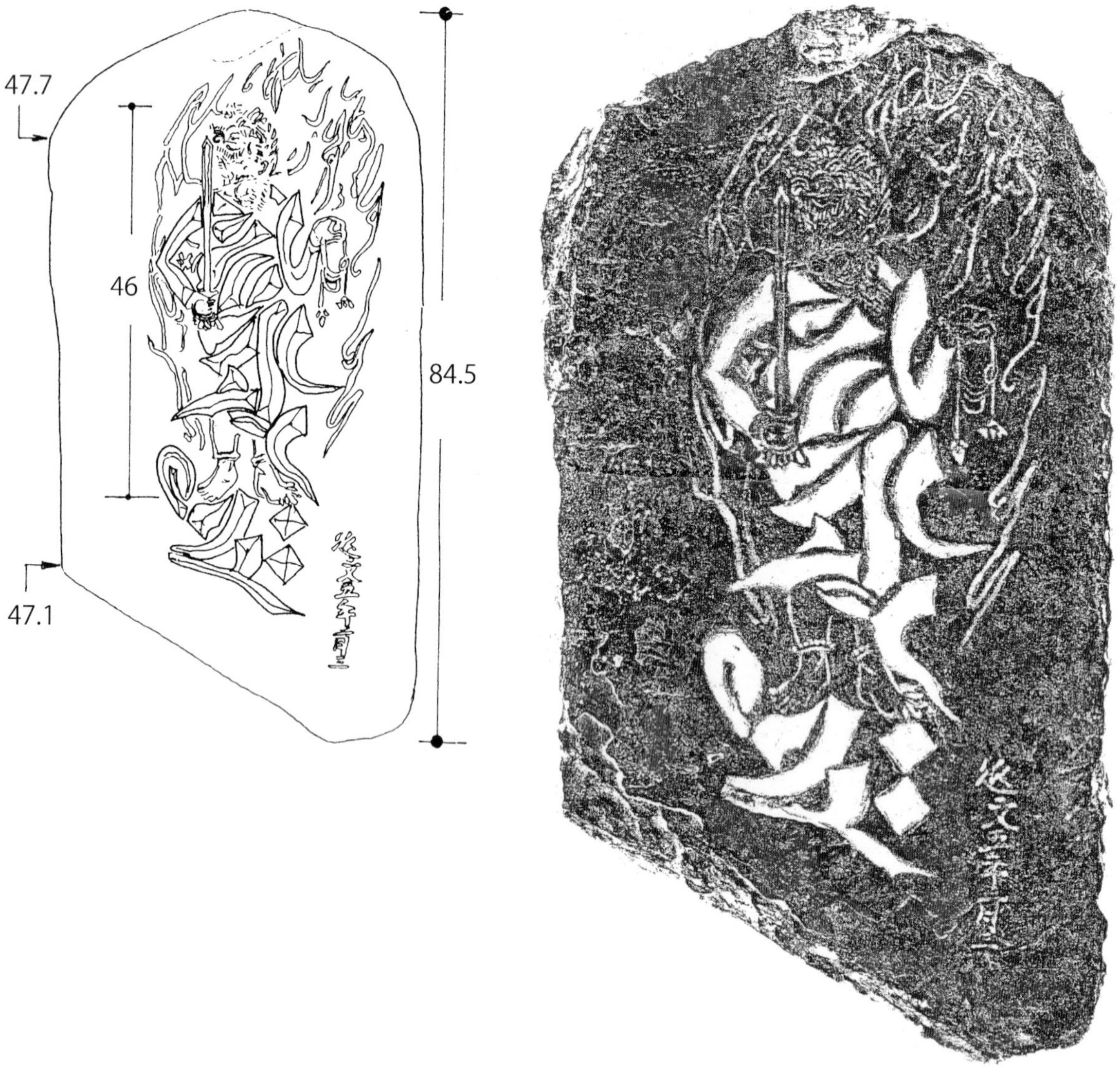

下 27　香取市山之辺・西福寺

下 28　香取市上小川・吉祥院（縮尺 1/10）

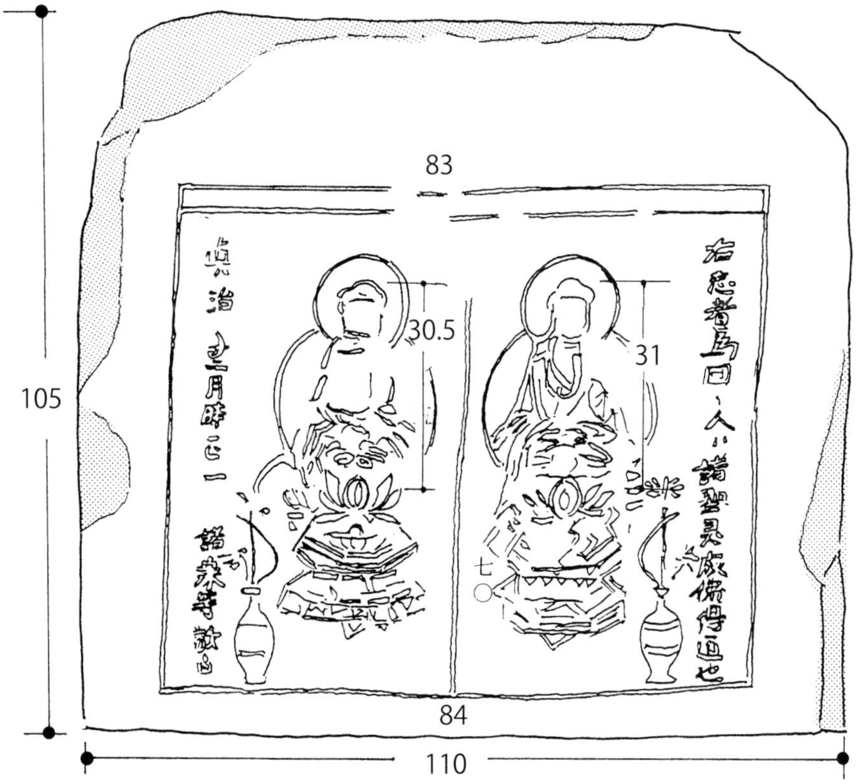

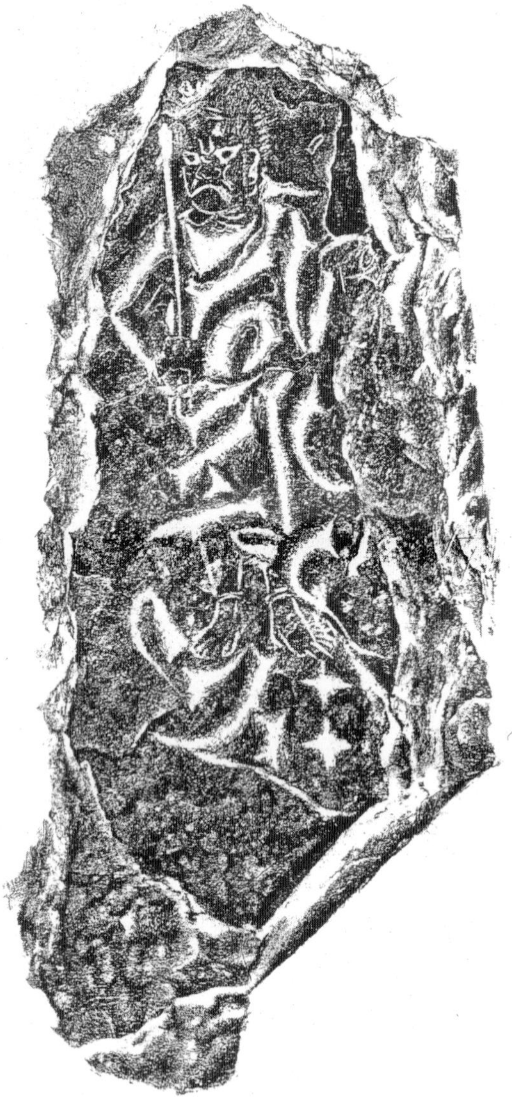

下 29-1　香取市寺内・寺内公民館・1

下 29-2　寺内公民館・2（同右）

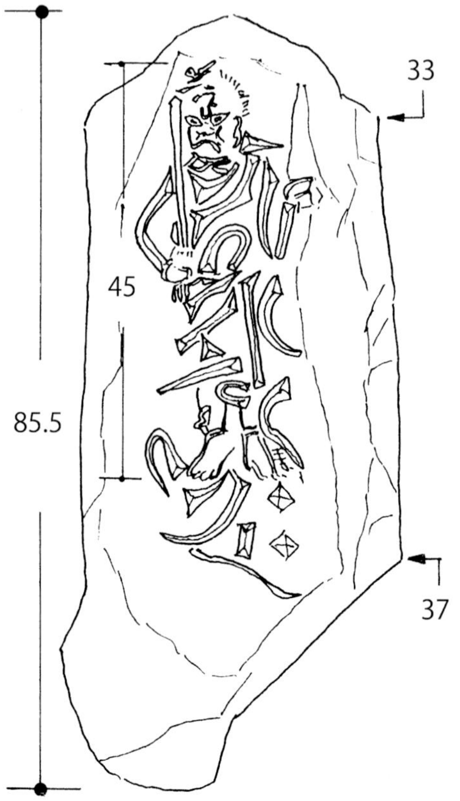

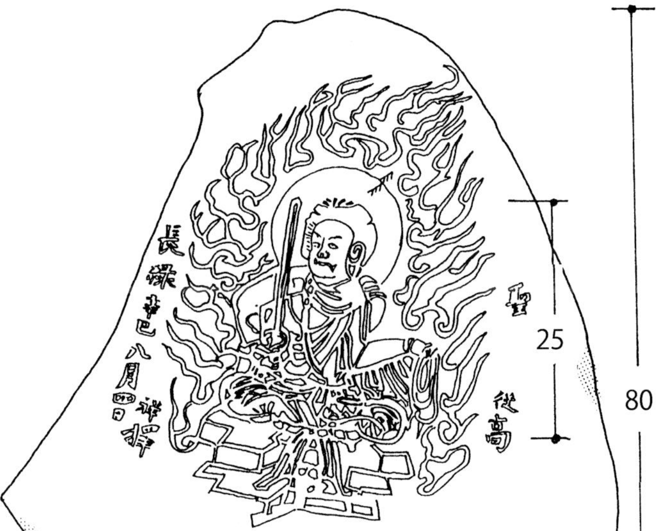

下30　香取市西坂・寺内区不動堂

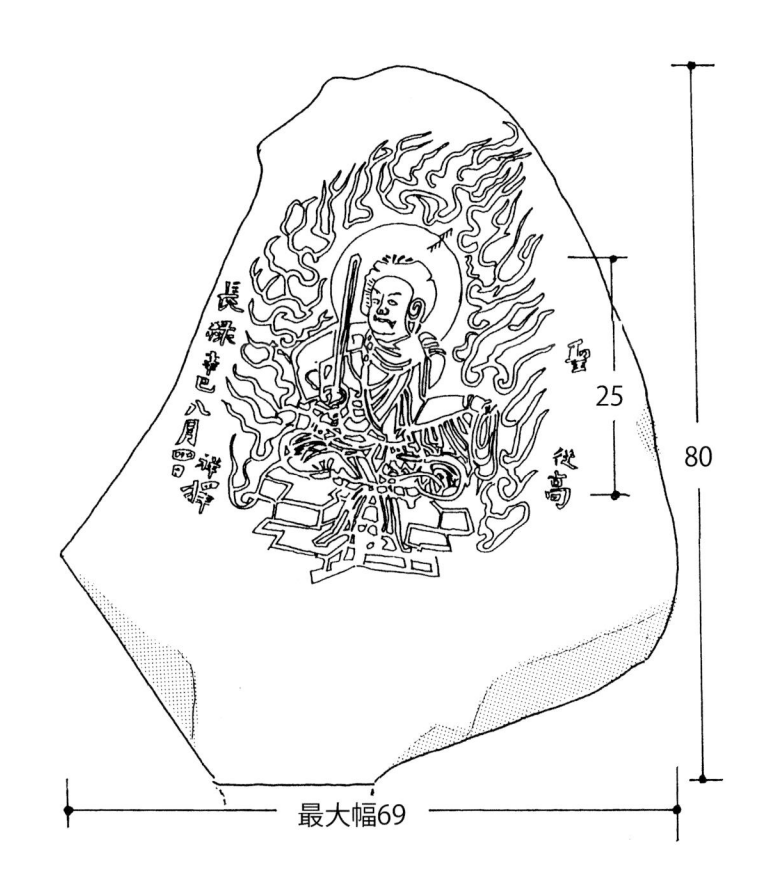

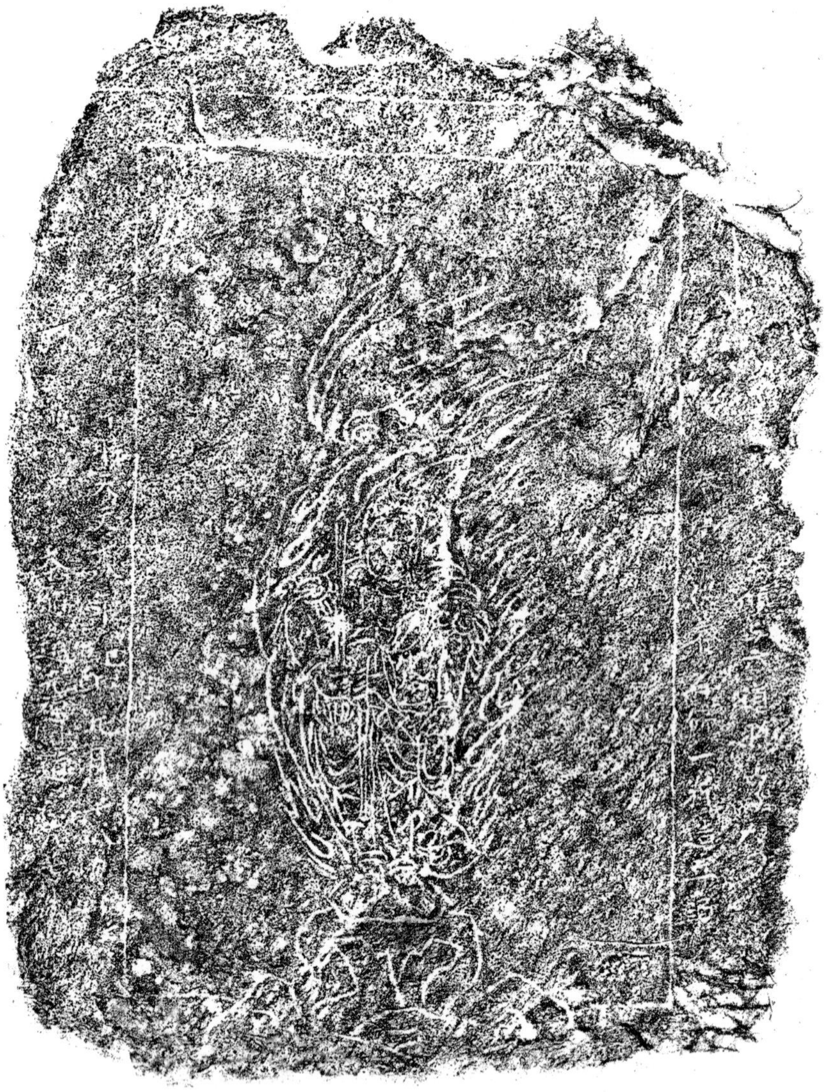

下 32　香取市西和田字不動山

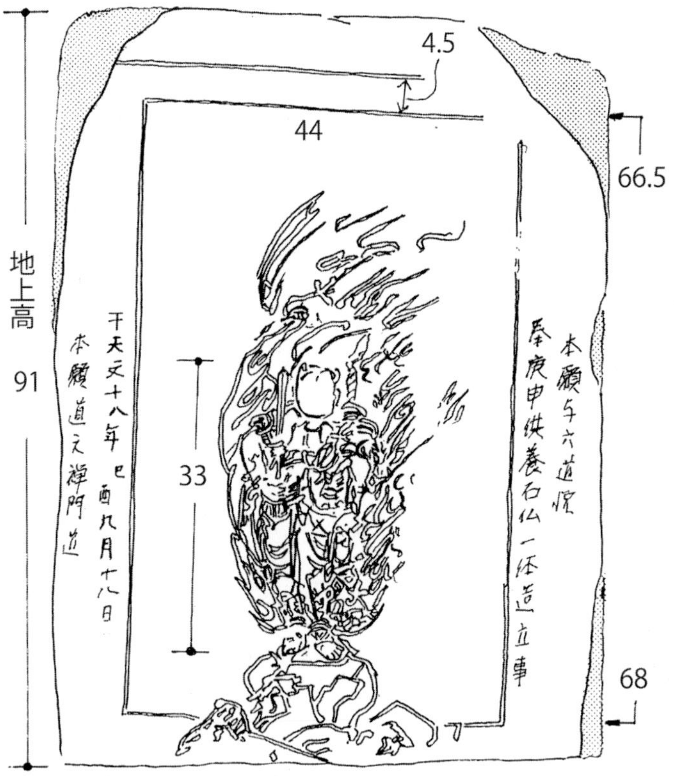
4.5
44
66.5
地上高 91
33
68
本願午六道院
奉庚申供養石仏一体造立事
于天文十八年己酉九月十八日
本願道之禅門造

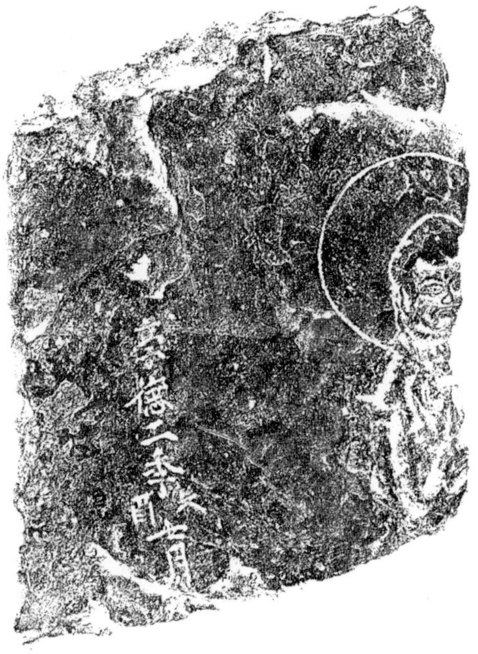
下 37　神崎町毛成・宝善寺

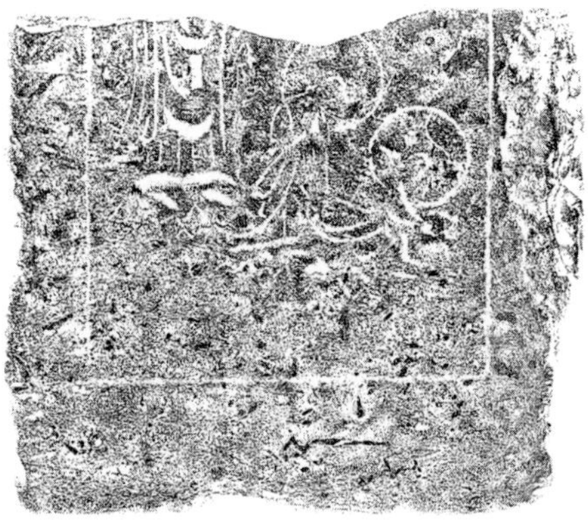
下 34　神崎町小松・浄専寺

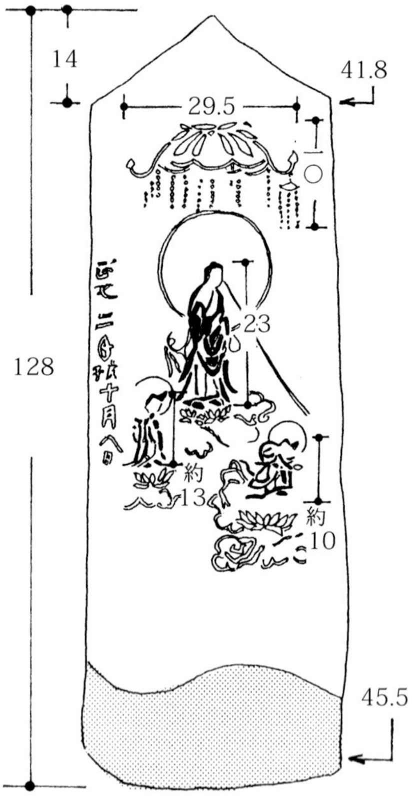

下33　神崎町郡・郡台公会堂

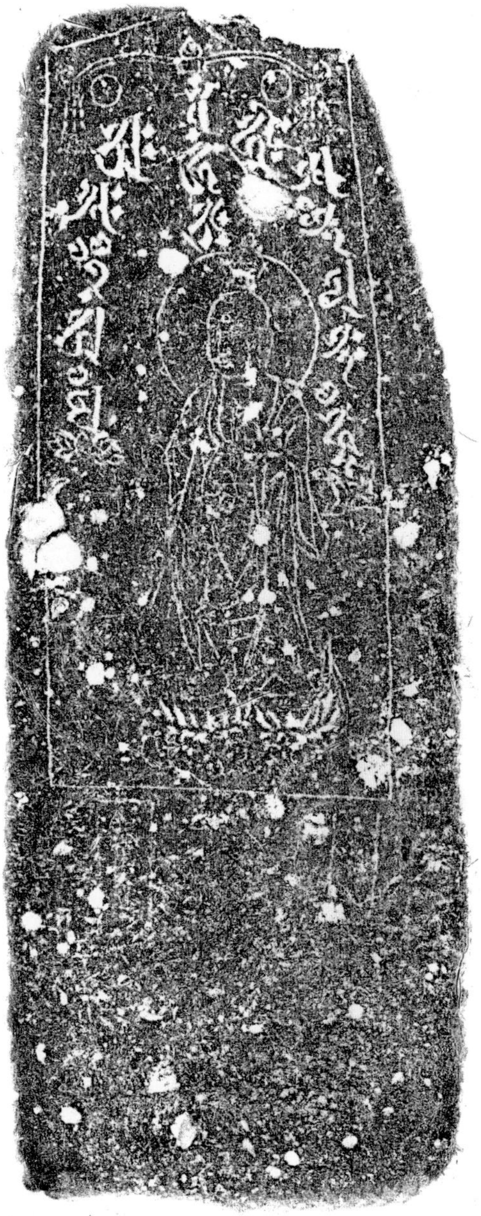

下 41　旭市井戸野・路傍　地蔵堂

下35　神崎町武田・妙楽寺

下 36　神崎町毛成・円満寺

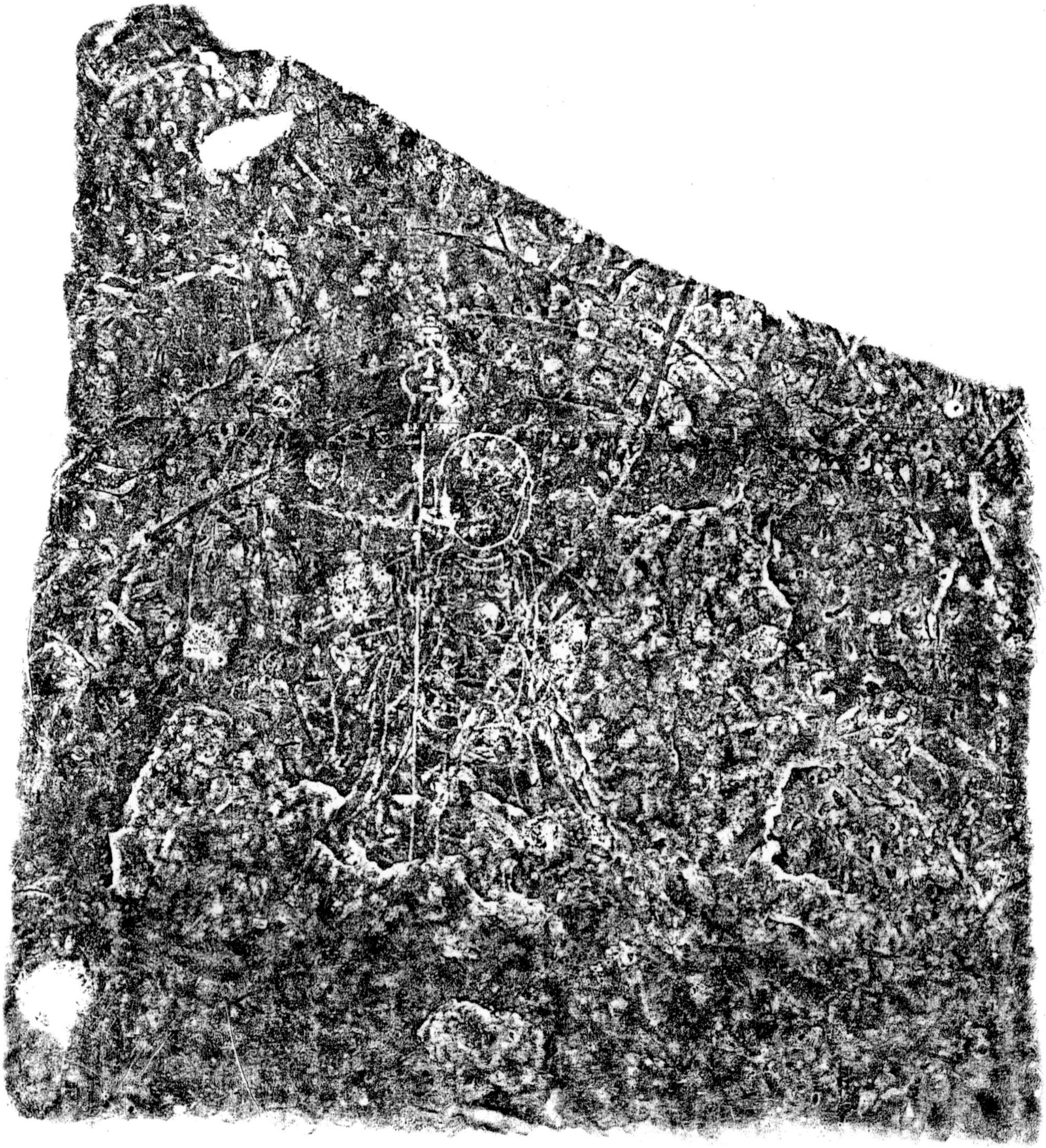

下43　旭市見広・文殊院

下 38-1　匝瑳市中台・加持堂・1（縮尺 1/10）

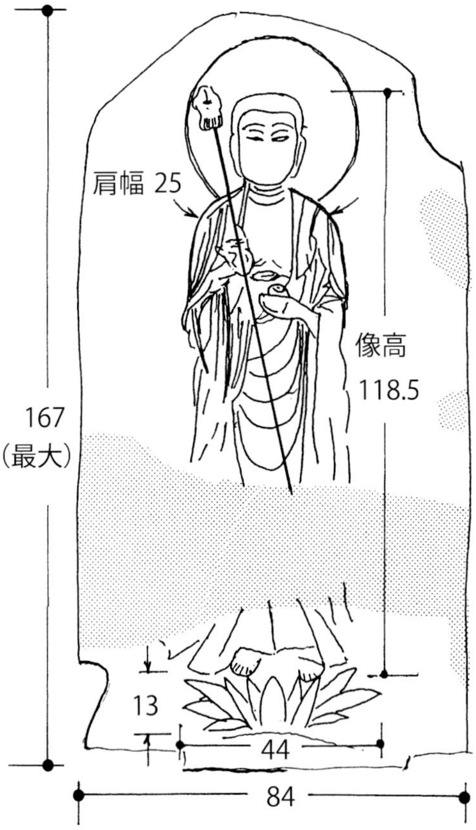

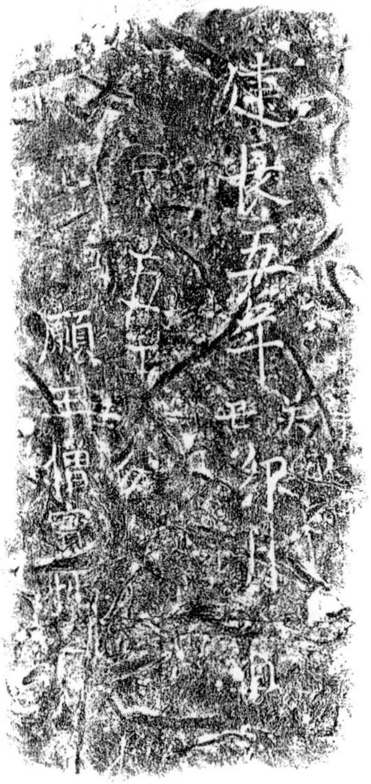

下 38-2　背面・紀年銘文部分拓
（寸法不同）

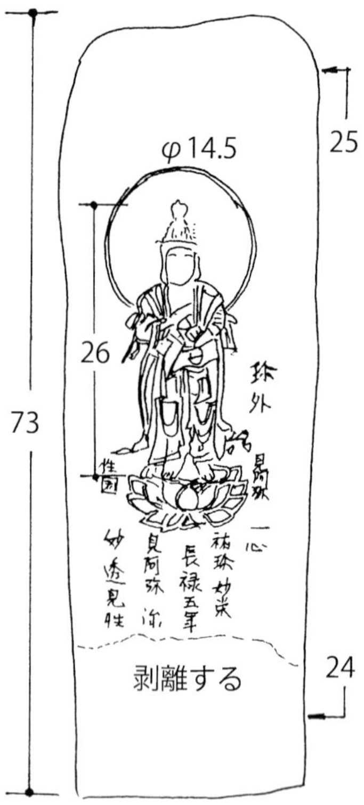

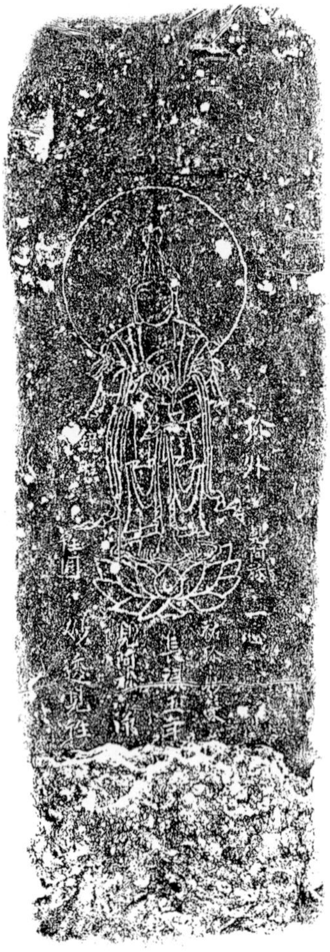

下 39　匝瑳市中台・加持堂・2

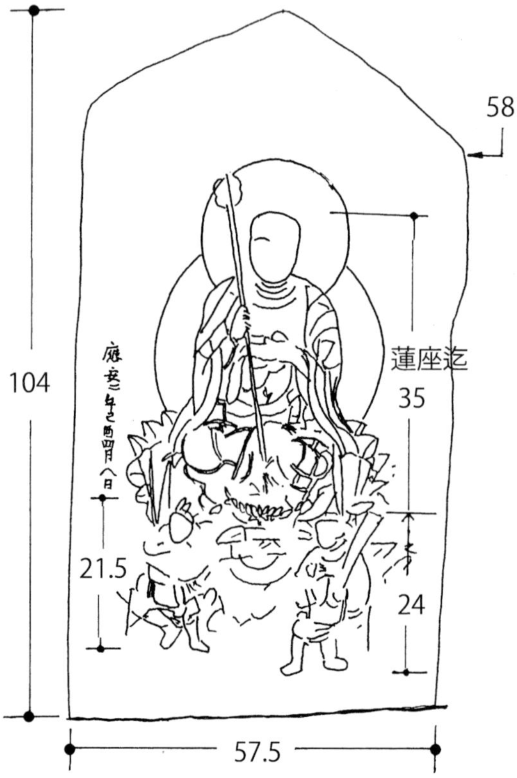

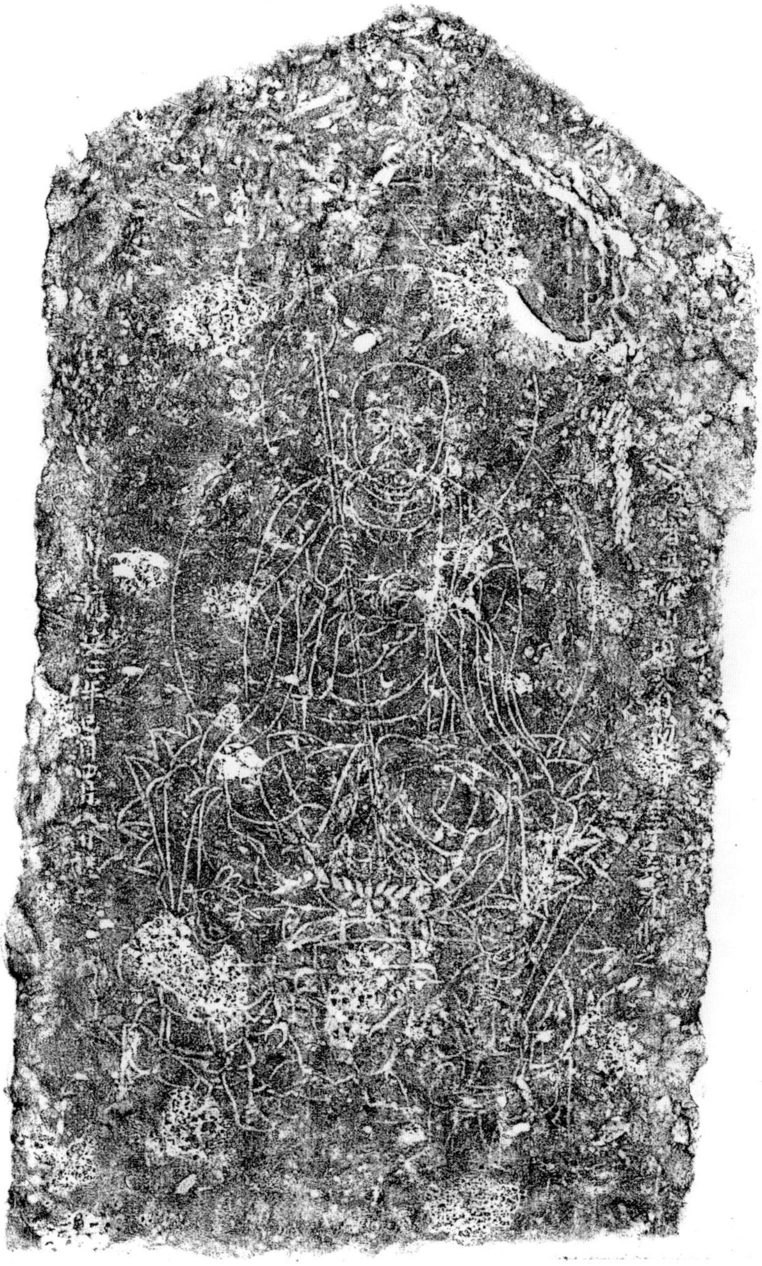

下 40　匝瑳市八日市場ホ・西光寺

下 42　旭市西足洗・地蔵堂基地

下 44　銚子市高田町・逆川地蔵堂

下 45　銚子市三門町・路傍

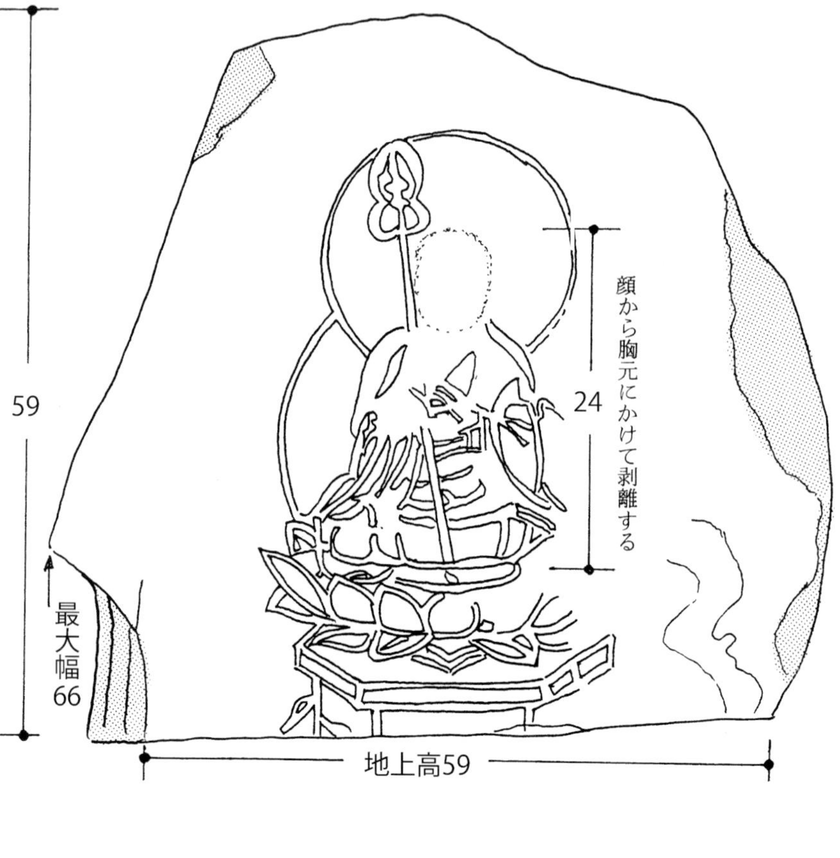

下 46　銚子市岡野台町・路傍

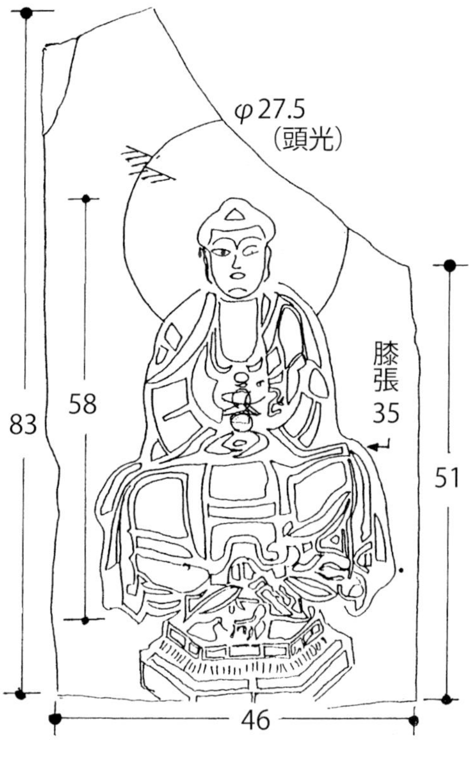

長２　佐久市大沢・旧大沢小学校

梨１　上野原市大椚・吾妻神社

梨２　大月市初狩町・法雲寺

長１　小諸市大久保・釈尊寺

■著者紹介

村田 和義（むらた かずよし）

1939 年 10 月　大阪市で生まれる
1962 年 3 月　近畿大学二部理工学部卒業
1973 年 1 月　史迹美術同攷会（川勝政太郎主幹）入会
1975 年 2 月　歴史考古学研究会大阪支部入所、川勝博士の指導を受ける
同　年 7 月　初めて福島県須賀川市調査。8 年をかけて中通りを悉皆調査する
1978 年 1 月　歴史考古学研究会発足、同人となる

《主要著書・論文》
石造美術探訪記 1「くにさき半島」1974 年 3 月*　謄写版刷り
石造美術探訪記 2「豊後の磨崖仏」1976 年 1 月*
石造美術探訪記 3 - 1「福島県岩瀬地方の来迎三尊石仏」1976 年 1 月*～同 3 - 8「福島県岩瀬郡の来迎三尊石仏」Ⅳ、1982 年 10 月*で、福島県中通りの来迎三尊石仏・板碑の悉皆調査の結果を報告
『福島県の弥陀来迎三尊石仏』言叢社、1986 年 1 月
石造美術探訪記 4「北海道・東北地方の来迎板碑」1996 年 8 月*～同 8「南関東・甲信地方の図像板碑」2011 年 8 月*で東国の図像板碑採訪を報告
別冊　東国の図像板碑拓本展図録「中世人の祈り」2006 年 1 月*
『チャレンジ奈良検定！　練習問題集』（共著）毎日新聞奈良支局、2007 年 10 月
『石川町史』第一巻　通史編Ⅰ（共著）、2012 年 3 月
＊は私家版

「大阪府下の文化財指定の石灯籠」『庭研』№ 169（1977 年 9 月）
「南河内・叡福寺　金石年表稿」『歴史考古学』3 号（1979 年 9 月）
「善光寺式三尊板碑小考」『史迹と美術』777 ～ 8（2007 年 8 月～ 9 月）

2015 年 4 月 24 日　初版発行　《検印省略》

東国《とうごく》の図像板碑拓影集《ずぞういたひたくえいしゅう》　図版編《ずはんへん》

著　者　村田和義
発行者　宮田哲男
発行所　株式会社 雄山閣
東京都千代田区富士見 2-6-9
ＴＥＬ　03-3262-3231 / ＦＡＸ　03-3262-6938
ＵＲＬ　http: //www.yuzankaku.co.jp
e-mail　info@yuzankaku.co.jp
振 替：00130-5-1685
印刷・製本　株式会社ティーケー出版印刷

ISBN978-4-639-02352-4 C3021
N.D.C.210　222p　31cm